QUE S

Histoire de la musique en Europe

BRIGITTE FRANÇOIS-SAPPEY
Docteur ès lettres
Professeur au Conservatoire national supérieur
de musique de Paris

Quatrième édition mise à jour

15e mille

DU MÊME AUTEUR

Pierre Baillot, Picard, 1978.

Jean-François Dandrieu, Picard, 1982.

Alexandre P. F. Boëly et son temps, Aux Amateurs de livres, 1989.

Le personnel de la Musique royale (1774-1792), Picard, 1990.

Guide de la musique d'orgue, Fayard, 1991 (en collaboration).

Charles Valentin Alkan, Fayard, 1991 (direction de l'ouvrage).

Histoire de la musique en Europe, PUF, 1992 (ouvrage traduit dans plusieurs langues).

Guide de la mélodie et du lied, Fayard, 1994 (co-direction de l'ouvrage avec Gilles Cantagrel).

Robert Schumann, Fayard, 2000 (Grand Prix des Muses).

Clara Schumann, Genève, Éd. Papillon, 2002.

Robert Schumann, Fayard/Mirare, 2003 (ouvrage traduit en portugais).

Felix Mendelssohn, Fayard/Mirare, 2003 (ouvrage traduit en portugais).

La musique dans l'Allemagne romantique (en préparation).

ISBN 2 13 055253 6

Dépôt légal — 1re édition : 1992
4e édition mise à jour : 2005, septembre

6, avenue Reille, 75014 Paris

AVANT-PROPOS

« *Europa vel regnum caroli* » : du rêve prématuré de Charlemagne à l'Europe du IIIe millénaire, combien d'eau a passé sous les ponts et de musique au-dessus... C'est de ces mille deux cents ans, allant des répons grégoriens à *Répons* de Boulez, de cette musique née entre l'Atlantique, la Méditerranée et l'Oural qu'il va être question.

Alors que les sources massives d'informations et les moyens de reproduction sonore permettent dorénavant d'embrasser le musée universel de l'art musical, alors que les chercheurs tendent à montrer qu'il n'existe aucune société étrangère au fait musical et s'attachent à mettre au jour des « universaux » de la musique, il peut paraître étrange d'écrire encore une *Histoire de la musique en Europe,* limitée de surcroît à la musique savante. Mieux que tout plaidoyer, les proportions du présent ouvrage justifieront cette économie.

Les contraintes s'étendront d'ailleurs à quantité de domaines. En tant que « science humaine », l'histoire de la musique se devrait d'être plurielle et d'utiliser les outils interactifs offerts par la sociologie, la psychologie cognitive, la phénoménologie, la sémiologie, etc. ; il importerait de faire référence à tout moment à l'acoustique, l'organologie, la notation musicale, à la diffusion éditoriale et sonore, à l'évolution du public et des lieux d'écoute, de se reporter aux écrits théoriques et esthétiques, aux décrets et textes législatifs, à l'iconographie. Mais si le fresquiste peut se montrer miniaturiste, l'inverse est plus difficile : l'actuelle entreprise représente déjà une gageure, une ambition totalisante aurait frôlé le dérisoire.

Il a semblé prudent de proposer à l'*amateur* de bonne volonté un ouvrage clairement structuré. L'approche chronologique a donc été respectée, quoiqu'il ne soit pas toujours pertinent de mener de front des temporalités qui se chevauchent et des critères qui interfèrent. S'affrontent notamment en permanence l'évolution personnelle des créateurs, celle de la société dans ses modes de pensée et le statut qu'elle réserve aux arts, et une forme d'évolution presque autonome du *musical*.

Face à des choix sévères, l'énumération des compositeurs et des œuvres a souvent été limitée au profit de la mise en valeur des courants et des genres, vecteurs d'appréhension de toute évolution artistique. Néanmoins, à partir du XIXe siècle, la singularité irréductible de chaque créateur a dicté un mode d'approche mixte. Quant à la distinction établie entre musique vocale (liée au langage articulé, donc à la signification extramusicale) et musique instrumentale (à la signification plus immanente), elle a été abandonnée pour la musique contemporaine, où de nouvelles dialectiques — instrumentarium/machine, écriture musicale/espace acoustique — l'emportent.

Introduction

MUSIQUE ET HISTOIRE

> « Le passé, c'est ce qui a survécu du passé, c'est donc ce qui est une partie du présent. »
>
> Carl Dahlhaus.

Perception du passé par le présent, l'Histoire est par essence mouvante et subjective. G. Duby prévient : « Imaginons. C'est ce que sont toujours obligés de faire les historiens. Leur rôle est de recueillir des vestiges, les traces laissées par des hommes du passé (...). Mais ces traces sont légères, discontinues. Sur elles, une armature peut être bâtie, mais très frêle. Entre ces quelques étais demeure, béante, l'incertitude. » Trier les vestiges du passé, hiérarchiser les informations implique un jugement, donc une éthique et une esthétique. Inversement, la mémoire collective qui sourd des couches sédimentées du passé conditionne notre conception du présent et s'immisce jusque dans la création : « La mémoire est création parce qu'elle est cette identité du continu et de l'hétérogène » (H. Dufourt).

Pour appréhender l'histoire d'un art, la multiplicité des causes, des analogies et des répercussions, rien ne vaut de scruter les œuvres elles-mêmes : « Le contenu des œuvres d'art est bien histoire. Analyser des œuvres d'art signifie essentiellement prendre conscience de l'histoire immanente emmagasinée en elles » (Adorno). De l'accumulation des créations et des faits empiriques, il serait séduisant de pouvoir dégager un fil conducteur, une logique, sinon une directionnalité. Schönberg et ses fidèles ont d'ailleurs tenté d'asseoir la légitimité du dodécaphonisme sériel sur la thèse d'un développement inéluctable, mais l'aphorisme de Boulez paraît plus judicieux : « Il n'y a de création que dans l'imprévisible devenu nécessité. » Aussi les titres des trois chapitres du présent volume n'induisent-ils aucun déterminisme historique. Dans un art en perpétuelle transformation et intégration de matériaux nouveaux, ils indiquent seulement les articulations stratégiques où se fait jour un nouveau système de référence (comme la perspective et l'abstraction en peinture).

Au cours des âges, les définitions de la Musique — outil de connaissance du monde malaisé à déchiffrer — ont considérablement évolué. Des pythagoriciens à Descartes, en passant par saint Augustin, la musique a longtemps été considérée comme une représentation de la mathématique universelle, des systèmes philosophique et métaphysique. À l'époque de Kant, des débuts de l'esthétique et de la critique d'art, la musique commence à devenir objet *per se,* en attendant qu'au XIXᵉ siècle les Allemands forgent le concept de musique « absolue » qui dégage celle-ci des chaînes de l'antique *mimêsis* et lui confère enfin autonomie et complétude.

Le *son* semble l'élément minimal du *musical* avec son corollaire le *temps.* La musique suppose un ordre, un rythme, une combinatoire qui créent le temps, le bâtissent, et en appellent à la mémoire : « Percevoir, c'est se souvenir » (Bergson). Aller plus avant dans une formulation de la musique serait téméraire, car plus notre connaissance s'élargit dans le temps et dans l'espace, plus la technique introduit de nouveaux paramètres, plus il devient difficile d'en saisir l'essence. Et sans doute n'existe-t-il pas, aujourd'hui, de meilleure définition que celle proposée par Berio : « La musique est tout ce que l'on écoute avec l'intention d'écouter de la musique. »

Si, techniquement, la musique, résulte d'un travail sur le son, ses sources, ses hauteurs, ses durées, ses intensités, en tant que « *cosa mentale* » elle procède du faire et de l'imagination. De *musa,* la muse, elle serait par excellence un art inspiré. Toutes les mythologies s'accordent sur l'origine divine de la musique, sur sa puissance magique, et ont rapporté les miracles accomplis par le chant d'Orphée ou les trompettes de Jéricho. La découverte des propriétés numériques de la musique par les savants de l'Antiquité n'a fait qu'exalter cette vision cosmique dont attestent les expressions-concepts : « gamme sidérale », « musique des sphères », « harmonie universelle ».

Selon saint Augustin, « *musica est ars bene movendi* », émouvante parce que mouvante. Douce et lénifiante ou chargée de la violence des forces telluriques, elle amène à l'apaisement par la catharsis : « Proche du rite, elle part de l'ordre, passe par la crise qui est moment de désordre et va vers la réconciliation » (R. Girard). Liée au verbe (prière, théâtre) et au geste (danse, marche), la musique ressortit à la vie religieuse, civile et militaire. De l'incantation magique primitive à la cantillation des psaumes, dans presque toutes les civilisations la musique a d'abord servi le sacré puis régulé l'ordre social : les chants de naissance et de mariage, les chants funèbres, les chants des semailles et des moissons rythment la vie quotidienne, les fanfares et le roulement du tambour scandent la discipline guerrière.

Depuis des temps immémoriaux, les pouvoirs temporels, y compris l'Église, ont cherché à contrôler l'usage de cette puissance quasi magique. Selon Platon : « Nulle part, on ne modifie les lois de la musique sans modifier en même temps les dispositions civiles les plus importantes. C'est ici que les gardiens doivent édifier leurs postes », et il ajoute : « La musique, cette ouvrière d'harmonie et d'eurythmie, n'a pas été donnée aux hommes par les dieux pour qu'ils y trouvent simplement un plaisir charnel ; ils nous l'ont donnée comme une alliée de notre âme lorsque celle-ci entreprend de ramener à l'ordre et à l'unisson ce qu'il y a en nous de mouvements déréglés et violents, tout ce qui erre loin du droit chemin et de la grâce. » D'où le souci du philosophe, puis des pères de l'Église chrétienne, de codifier l'éthos des modes et d'imiter « la divine harmonie ».

De l'alliance des pouvoirs religieux et laïque — engagée par Clovis et, un temps, réalisée par Charlemagne — naquit l'Europe. Vite étayée par la notation, la musique européenne privilégiera l'écriture, et le papier réglé deviendra le lieu même de la spéculation compositionnelle. Par l'entrelacs abstrait de ses lignes polyphoniques, la musique occidentale est « l'exploit le plus inouï, le plus original, le plus miraculeux même de notre civilisation occidentale, sans exclure la science » (K. Popper), « le suprême mystère des sciences de l'homme » (Lévi-Strauss). Cette dialectique de l'œil et de l'oreille engage la musique occidentale dans la voie de la complexité, du renouvellement permanent, la détournant de sa fonction sacrée, intemporelle et anonyme au profit de « l'art pour l'art » personnalisé. Au fil d'une évolution de plus en plus accélérée, la musique occidentale a oscillé entre des quasi-invariants et des variants. Par référence aux catégories de F. Braudel, on pourrait envisager par exemple que le demi-ton, en tant que plus petit commun dénominateur (dès l'adoption d'échelles heptatoniques, et mis à mal seulement au XXe siècle par les micro-intervalles, sans que soit anéantie sa domination), et la modalité représentent la « longue durée », le système tonal (sorte de bimodalité, historique et culturelle, plus que principe fondateur Unique, Naturel et Universel) corresponde à une « moyenne durée », et les modernités successives et contingentes, telles le sérialisme, relèvent de la « courte durée ».

Non contente d'émouvoir, la musique occidentale a presque toujours manifesté l'ambition de parler. Si Hanslick, Nietzsche ou Stravinsky ont dénoncé à bon droit l'utopie de vouloir tirer un fondement sémantique de l'ensemble des signaux acoustiques dépourvus du rapport signifiant/signifié, Proust n'a cependant pas eu tort de se demander « si la musique n'était pas l'exemple unique de ce qu'aurait pu être — s'il n'y avait pas eu l'invention du langage, la formulation des mots, l'analyse des idées — la communication des âmes ». Du côté du code et de la stylisation, des symboles intelligibles plus que des analogies perceptibles, l'*art* musical semble bien en effet une sorte de métalangage produisant du sens au moyen d'*artifices* : « L'art devient le portrait artificiel des passions de l'homme » (Batteux, 1746).

Art du « bien-dire », la rhétorique a gouverné la musique à toutes les étapes de son évolution. Si l'âge baroque marqua l'apogée du code pour endiguer la polysémie inhérente au sonore, l'âge classique se donna pour enjeu de dégager la signification immanente de la musique contenue dans le système tonal, tandis que l'âge romantique, en s'éloignant des lois tonales, dut recréer du sens au moyen de stratégies narratives et de para-textes. Puisque toute figure musicale dérive de l'univers vocal, donc verbal, à toutes les époques ce langage musical s'est compliqué de la notion de style national, et il y eut parfois quelque difficulté à comprendre une musique « étrangère », comme en atteste l'apostrophe inquiète de Fontenelle : « Sonate, que me veux-tu ? »

Distincte de la théorie musicale, discipline fort ancienne, l'Histoire de la Musique a pris corps au XVIIIe siècle avec Bonnet et Bourdelot, Lacépède, La Borde en France, le padre Martini en Italie, Walther, Marpurg, Gerber en Allemagne, Hawkins, Burney en Angleterre, s'est affirmée au XIXe avec Choron, Fétis, Kiesewetter, etc. ; et c'est par le biais de la musicologie que la musique, enseignée à l'Université à l'époque médiévale, réintégra ce temple du savoir au XXe siècle. Pendant longtemps, l'Antiquité seule avait été un sujet d'observation, quoique de l'unique point de vue spéculatif eu égard au mythe du progrès. À cette « doctrine du progrès appliquée aux arts », Fétis opposa celle de la « transformation », indispensable à une approche objective du passé — étant entendu que les plus louables scrupules d'authenticité dans la reconstitution ne nous rendront pas la mentalité d'une époque. Même subversif, l'art est d'abord l'expression de la société qui l'engendre et qui seule est armée pour saisir sa réelle portée, quitte à se récrier sur ses audaces.

Mouvante, la musique occidentale l'est aussi dans sa trajectoire propre. Mouvance linéaire d'ordre chronologique. Mouvance circulaire dans l'alternance de phases « simples », à tendance monodique et propices à l'expression des mots, et d'autres, « complexes », à tendance contrapuntique, donc plus proprement musicales ; dans l'alternance de structures prépondérantes, cette « loi du cadre », plus ou moins formées ou formantes, pouvant se rattacher à quelques grands principes : additif (prélude, fugue, arioso, ballade, poème symphonique), circulaire (rondo, strophique), synthétique (sonate) ; dans l'alternance de périodes nationalistes et de moments de consensus où se dégage un « style d'époque » (Renaissance, classicisme, sérialisme des années 1950). En marge de la notion dépassée de nationalisme, l'éclatement stylistique sans précédent qui se fait jour depuis les années 1960 résulte de la difficulté à « penser la musique aujourd'hui ».

Perception du passé par le présent, l'histoire des arts est donc partielle et partiale. À la différence de l'histoire des mentalités qui sonde le quotidien, elle retient l'exceptionnel : « Chaque anneau de la chaîne de la tradition a été formé par un révolutionnaire » (Varèse). De surcroît, parmi les points de repères, chaque époque crée ses hiérarchies ; or, si certains choix se contentent de ratifier les arbitrages d'origine (messes et motets de Josquin, sonates et concertos grossos de Corelli, quatuors et symphonies de Haydn) ou en exaltent la portée *(Orfeo, IXe Symphonie, Symphonie fantastique, Tristan, Pelléas, Le Sacre du printemps, Mode de valeurs et d'intensités),* d'autres bouleversent les données primitives en mettant au premier plan des œuvres *(Passion selon saint Matthieu, Variations Diabelli)* ou des « sommes » (*Clavier bien tempéré* de Bach et sonates de Beethoven : « Ancien et Nouveau Testaments » selon Bülow) devenues référentielles surtout *a posteriori.*

Pour appréhender les tendances successives, l'Histoire doit aussi se fabriquer des outils, peut-être contestables. Ainsi, selon Ch. Rosen, « le concept de style ne correspond pas à une donnée historique, mais répond à un besoin de l'esprit : il procure un mode de compréhension. » Néanmoins, il importe que l'historien — ce « prophète qui prédit le passé », raillé par Heine — dégage des constantes, si réductrices ou difficiles à justifier soient-elles parfois. Il semble, par exemple, que la musique germanique ait toujours été favorable au contrepoint, au développement des idées, à une certaine gravité (soulignée par Nieztsche et Wagner), la musique française volontiers tournée vers l'inédit, la couleur, la danse, la concision, la vivacité, la musique italienne toujours attachée à la *cantabilità* vocale ou instrumentale et à l'expression des *affetti.* On peut aller jusqu'à distinguer une Europe septentrionale encline à l'intériorisation et au message sous-jacent, et une Europe méridionale portée à l'hédonisme et à l'illustration.

Si, en dernière instance, on devait dégager un dénominateur commun à « la vie des formes » de la musique occidentale, valable à toutes les étapes de son évolution, tant dans les périodes de prospection, d'accomplissement que de rupture, sans doute serait-ce la quête de l'unité organique, « l'art de faire dériver le tout d'une seule unité » (Schönberg). Véritable obsession au cours des âges, cette volonté de tirer le Multiple de l'Un, d'une matrice, se fait jour aussi bien dans les « motifs de tête » des polyphonies médiévales, le thème et variations, la fugue (*L'Art de la fugue* de Bach), la sonate classique (à l'intérieur même de la structure bithématique, d'ordre tonal plus que motivique), le *Urthema* wagnérien *(Tétralogie),* que chez les sériels. Ces derniers réactivent la théorie goethéenne de *La Métamorphose des plantes* à partir d'une graine originelle, mise aussi en application par un Strauss dans ses *Métamorphoses,* un Boulez avec son processus de prolifération, un Stockhausen dans *Licht,* titanesque heptalogie opératique à partir d'un noyau réduit, etc. Loin d'être monochrome, univoque, unidimensionnelle pour autant, la musique occidentale s'est assigné pour enjeu la diversité dans l'unité, misant sur les contrastes de caractère, de tempo, de dynamique, de rythme, de hauteur, d'intensité, d'épaisseur, de grain sonore, en passant par tous les degrés intermédiaires de la variante, variation, métamorphose, jusqu'à la transformation où, d'avatar en avatar, « le même » devient « l'autre ».

C'est cette alliance de la rigueur et de la fantaisie, de la mémoire et de l' « amnésie », cette logique de « la loi et de l'accident » qui fondent la Musique occidentale.

Chapitre I

L'ÂGE MODAL

I. — Moyen Âge

Le berceau de la musique occidentale est ce Moyen Âge chrétien au sujet duquel le regard de l'Histoire n'a cessé de varier. Nul ne le considère plus comme une « nuit » entre deux périodes civilisées — l'Antiquité et la Renaissance — axées sur la connaissance de l'homme et du monde ; nul n'en proposerait davantage une « image » idéalisée sous couvert de spiritualité et d'amour courtois : à l'égard de ce millénaire foisonnant d'événements et de courants de pensée, aucune certitude réductrice n'est plus possible. De 313, date de l'édit de Milan qui sort la chrétienté de la clandestinité, aux débuts de la Réforme protestante en 1520, de la chute de l'Empire romain d'Occident en 476, consécutif aux invasions « barbares », à la chute de l'Empire romain d'Orient en 1453 sous la poussée turque, nombreux seraient les fils à tirer, à commencer par celui du destin de l'Eglise dans la mesure où longtemps la pensée médiévale a été d'essence religieuse. « La fonction de l'art est de démontrer l'invisible par le visible », énonce Grégoire II, et les Pères de l'Eglise s'accordent à dire que le chant sied à la louange de Dieu. Quoique avant tout « art de France » — comme le gothique architectural — la musique tisse avec la religion et le latin l'unité culturelle de cette Europe médiévale si diverse.

1. **La monodie.**

A) *Chant chrétien d'Occident ou « chant grégorien ».* — Les invasions tirent vers le nord l'ancienne civilisation méditerranéenne. Constantinople, foyer de culture latine, et l'Islam, réservoir de la pensée grecque, assurent la conservation de l'héritage antique qui fécondera les derniers siècles du Moyen Âge. Mais déjà Charlemagne, secondé par le moine Alcuin, veille à la transmission du savoir : « Dans chaque diocèse, l'instruction sera donnée par les psaumes, la notation musicale, le calcul des années et des saisons et la grammaire. » Et c'est sous son règne que le chant chrétien touche à son stade d'achèvement. L'hétérophonie, l'usage des instruments et des danses étant attestés dans de nombreuses civilisations antérieures (notamment au Grand Temple de Jérusalem, en Grèce ou à Rome), loin de représenter l'enfance de la musique, le chant monodique de l'Eglise chrétienne en marque une étape quintessenciée, volontairement dépouillée pour mieux servir le Verbe. La source en est double : l'une, vivante, vient des psalmodies, répons (refrains de l'assemblée) et mélismes alléluiatiques de la synagogue ; l'autre, dévitalisée, émane de la théorie grecque transmise au VIe siècle par Boèce, conseiller de Théodoric. Dès le IIIe siècle, le latin remplace le grec, et les grandes étapes créatrices du chant chrétien d'Occident s'étendent du IVe (le chant byzantin prend alors un essor indépendant) jusqu'au IXe siècle, donc paradoxalement pendant les siècles les plus troublés. Le chant responsorial, le chant antiphoné (à deux chœurs alternés), les premières hymnes d'Ambroise, évêque de Milan, en constituent les bases. Des particularismes distinguent bientôt les chants « vieux-romain », ambrosien, bénéventain, wisigothique, gallican ; c'est pourquoi le pape Grégoire le Grand (590-604) aura le souci d'organiser la liturgie, mais sans vraiment régenter la musique. Le prétendu « chant grégorien » est bien plutôt le fruit d'une greffe du chant romain sur le chant gallican, confirmée par Charlemagne : « Mon royal père Pépin supprima le chant franc dans un esprit d'unité avec le Saint-Siège et de concorde pacifique dans l'Eglise de Dieu. »

Le répertoire se compose des chants de l' « ordinaire » de la messe *(Kyrie, Gloria, Credo, Sanctus, Agnus Dei)* et du « propre » lié au cycle temporal et sanctoral. Les vêpres, laudes et matines laissent la plus grande place à la cantillation des psaumes, du *Magnificat* et des hymnes. De ces chants, regroupés *a posteriori* dans des « tonaires », les théoriciens tirèrent des principes quelque peu réducteurs en distinguant huit modes *(octoechos)* diatoniques (dans un tempérament inégal de type pythagoricien) avec une note mobile *(si)*, classés d'après leurs finales, *ré, mi, fa* ou *sol* (n'induisant aucune hauteur déterminée mais seulement des rapports d'intervalles), subdivisés en modes « authentes » si l'ambitus se déploie au-dessus de la note finale et « plagaux » s'il se répartit autour de cette finale, l'axe du mode étant la « corde de récitation ».

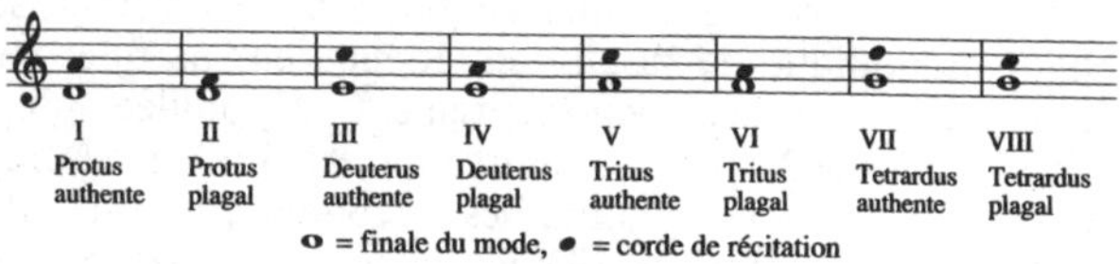

Fig. 1. — Les modes grégoriens

L'interaction de la charpente modale et du rythme verbal latin suggère l'interprétation rythmique de ce *cantus planus*. Une première esquisse de notation neumatique (neume = signe) apparaît dans le nord-est de la Gaule vers le IXe siècle. Les hauteurs se précisent peu à peu grâce à des lignes-repère, et l'on attribue à Guido d'Arezzo au XIe siècle l'établissement de la portée, de même que le nom des notes, tiré de l'hymne à saint Jean-Baptiste *(*Ut *queant laxis,* Re*sonare fibris,* Mi*ra gestorum,* Fa*muli tuorum,* Sol*ve poluti,* La*bii reatum, Sancte Johannes)*. De simple aide-mémoire, la notation deviendra vite vecteur de création.

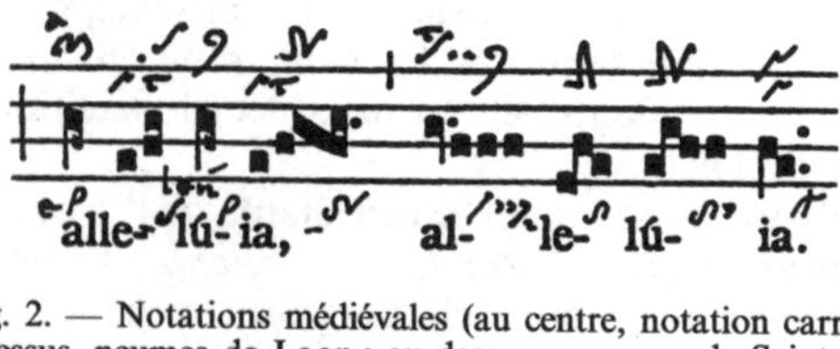

Fig. 2. — Notations médiévales (au centre, notation carrée ; au-dessus, neumes de Laon ; au-dessous, neumes de Saint-Gall)

Au cours du IXe siècle, les autorités ecclésiastiques estimèrent le répertoire liturgique virtuellement clos. Cette « fermeture » eut pour conséquence d'activer l'éclosion de dérivés, monodiques ou polyphoniques, du corpus d'Église. Parmi les premiers, on relèvera les « tropes » et « séquences » syllabiques qui, d'abord appliqués aux mélismes de certains chants *(Kyrie, Sanctus, Alleluia)*, finirent par se détacher de l'arbre pour devenir des pièces musicales de substitution, presque toutes rejetées par le Concile de Trente (1563). Bientôt étiré en valeurs longues et tronçonné dans la polyphonie, défiguré par l'ajout de notes sensibles, le chant grégorien connaîtra une tentative maladroite de restauration dans le cadre de la Contre-Réforme (*Editio medicea*, 1614), avant de servir de modèle au plain-chant musical du XVIIe siècle. La restauration historique entreprise par les moines de Solesmes au milieu du XIXe, et qui participe de l'engouement romantique pour le Moyen Âge, aboutira à la réforme de Pie X (1903) et à l'*Editio vaticana* (1907).

Également monodique, le « drame liturgique » naît, vers le IXe siècle lui aussi, des tropes de Pâques et de Noël, tel le dialogue « *Quem quaeritis ?* » qui, mis en valeur à l'abbaye de Fleury, donnera lieu ensuite à un semblant de théâtralisation. Les « mystères » quittent alors le cadre de l'office pour être représentés sur le parvis des églises (*Ludus Danielis* à Beauvais au XIIe siècle). D'origine liturgique, cette première forme de dramatisation glissera peu à peu du latin à la langue vernaculaire et du chanté au parlé pour aboutir au théâtre profane, avec en particulier le *Jeu de Robin et Marion* d'Adam de La Halle, pastourelle donnée à Naples en 1285.

B) *Les trouveurs.* — La devise des Templiers résume l'équilibre de la société féodale : « Mon âme à Dieu, ma vie au roi, mon cœur à ma dame et mon honneur à moi. » La lyrique des « beaux siècles » (XIe-XIIIe siècles) s'épanouit d'abord en Aquitaine et en Occitanie avec les troubadours. Les thèmes poétiques et les souples tournures mélodiques témoignent d'échanges fructueux avec le monde arabe, *via* l'Espagne et les croisades en Orient. Les notations musicales sauvegardées ne concernent qu'un dixième environ de la production poétique qui se répartit en *canso* (chant d'amour), chansons narratives, épiques, politiques, satiriques *(sirventès)*, morales, pieuses, *planh* (plaintes funèbres), jeux-partis. On crédite Guillaume de Poitiers du titre de premier troubadour, suivi de Bernard de Ventadour, Macabru, Guiraut de Borneil, Rambaut de Vaqueiras, Peire Vidal, jusqu'à ce que la croisade contre les Albigeois au XIIIe siècle accule les troubadours et leurs interprètes, les jongleurs, à se réfugier en Italie ou en Espagne. En langue d'oïl, l'art des trouvères fleurit, lui, au nord de la France au temps des cathédrales gothiques. Epouse de Louis VII de France puis d'Henri Plantagenêt, Aliénor d'Aquitaine assure le lien entre les lyriques du Sud et du Nord. De Thibault de Champagne, Guillaume d'Amiens, Colin Muset, Blondel de Nesle, Jehannot de l'Escurel et autres poètes-musiciens sont parvenus des témoignages musicaux beaucoup plus nombreux qu'au Sud et qui tendent vers des formes plus fixes et plus syllabiques. À la fin du XIIIe siècle, Adam de La Halle adaptera la polyphonie à trois voix du « conduit » à ses rondeaux et, au XIVe, Machaut oscillera entre monodie et polyphonie pour sertir ses poèmes. Entre-temps, la lyrique française aura trouvé un écho dans celle des *Minnesänger* allemands et des *minstrels* anglais.

2. **La polyphonie.**

A) *L'« Ars antiqua » (IXe-XIIIe siècles).* — Les premiers témoignages de polyphonie apparaissent au IXe siècle dans l'*Enchirias Musices,* manuscrit attribué à Otger de Laon. Elle s'épanouit à Saint-Martial de Limoges au cours du XIIe puis à Notre-Dame de Paris à la fin de ce siècle. Son essor concourt à la puissance temporelle et spirituelle de l'Église en ces temps de croisades, de monachisme, d'érection de cathédrales et du rayonnement de l'Université théologique de Paris. Assimilée à une science, reflet du mouvement des planètes et de l'harmonie universelle, la *musica mundana* appartient aux sept « arts libéraux » et s'enseigne dans le cadre du *quadrivium* avec l'arithmétique, la géométrie et l'astronomie. Le chant parallèle, ou « diaphonie », ajoute une voix à distance de quinte ou de quarte (tierce et sixte en Angleterre avec le gymel puis le faux-bourdon) à une mélodie grégorienne préexistante. Du mouvement contraire, ou « déchant », plus souple, naît l'organum. La « teneur » grégorienne s'étire alors pour permettre à la voix organale de broder des vocalises. À Notre-Dame de Paris, Léonin se contente encore de deux voix *(duplum)* tandis que son successeur Pérotin s'enhardira vers 1220 jusqu'à superposer trois voix à la teneur (quadruples *Viderunt* et *Sederunt*), des « modes rythmiques » ternaires (dits « parfaits », en hommage à la Trinité) assurant la synchronisation des parties. En reproduisant sur les longs mélismes de l'organum l'aventure des tropes, le « motet » anéantira le genre qui l'a enfanté. D'abord en latin et en rapport avec la teneur liturgique, les textes syllabiques ajoutés prendront leur indépendance sémantique, tandis que, réduite à son incipit ou confiée à des instruments, la teneur se verra tronçonnée en fragments isorythmiques *(talea)*. Devenu incompréhensible, le motet polytextuel et multilingue de la fin du XIIIe siècle marquera la victoire de la combinatoire musicale sur le référent verbal, et du profane sur le religieux. Quant au « conduit », chant processionnel en latin, monodique ou en polyphonie homorythmique, il se distancie d'emblée des mélodies liturgiques préexistantes, et part donc de zéro. En tant que genre autonome, il disparaît au cours du XIIIe siècle, mais son mode d'écriture se maintiendra.

B) *L'« Ars nova » (XIVe siècle).* — Véritable manifeste de modernité, l'*Ars nova* (c. 1320), traité de Philippe de Vitry, achève de libérer la notation rythmique, déjà précisée dans l'*Ars cantus mensurabilis* (c. 1280) de Francon de Cologne. Cette griserie technique, propre à tirer la musique du côté d'une création humaine, reflète la mentalité d'un siècle rude, ravagé par la peste noire (1348), les débuts de la guerre de Cent Ans, et déchiré par le Schisme d'Occident (1378). La nouvelle société bourgeoise de juristes, commerçants, usuriers assure l'essor des villes ; l' « ordre marchand », assorti d'un esprit réaliste et satirique, supplante l'ordre féodal, qui survit dans le simulacre ritualisé du tournoi ou de la chasse. Toute la civilisation, tout l'art tendent vers le profane, et les fêtes de cour ou urbaines éclipsent les anciennes liturgies. Farci après coup de musique, le *Roman de Fauvel* rend compte de l'âpreté des temps et des mentalités. En musique comme en architecture, le XIIIe siècle a représenté l'âge classique du gothique, et le XIVe illustre sa période « rayonnante », non exempte de maniérisme. La musique du XIVe siècle se caractérise par ses structures isorythmiques, la généralisation des scansions binaires (« imparfaites »), les cadences à double sensible, par une écriture à trois ou quatre parties en deux blocs — teneur étayée d'une contreteneur, plus une ou deux voix organales —, la présence accrue des instruments pour doubler ou remplacer les voix. De plus en plus complexe et séculier, le motet devient le genre emblématique de l'*Ars nova,* malgré les protestations du pape Jean XXII, dont la bulle *Docta Sanctorum* (c. 1325) demeura sans effet. Les chansons profanes, elles, se suffisent d'un seul texte, excepté dans le cas assez rare de la double ou triple ballade. Désignés postérieurement du nom de la ville où ils ont été retrouvés (Tournai, Toulouse, Besançon, Barcelone), apparaissent, enfin, des extraits de messe en polyphonie à trois parties, destinés à solenniser les offices des fêtes religieuses.

Pour la première fois avec Guillaume de Machaut (c. 1300-1377), dont le génie domine le siècle, une figure d'artiste émerge de l'anonymat. Nous connaissons les traits de ce poète-musicien, fort conscient de sa valeur, brillant homme de cour au service du roi de Bohême, chanoine de Reims et premier de ces musiciens du Nord à mener une carrière internationale avant de terminer leurs jours dans leur région natale. Ses nombreux rondeaux, ballades, lais et virelais, enlacés de musique monodique ou polyphonique, en font le dernier des trouvères. Eclatante dans ses motets et ses rondeaux-rébus, tel *Ma fin est mon commencement,* sa science musicale culmine dans la Messe Notre-Dame. Unique messe du XIVe siècle exhaustive et à quatre voix, unifiée par des cellules récurrentes et structurée par une symbolique numérique, elle rivalise avec l'architectonique des cathédrales gothiques, même s'il n'est pas assuré qu'elle fût conçue comme un tout. Faute de grande personnalité durant la période qui correspond au Schisme (1378-1417), la musique, baptisée *Ars subtilior,* s'enlise ensuite dans de vaines complexités.

L'Italie du Trecento, de Dante et Pétrarque, de Giotto et Duccio, connaît en Marchettus de Padoue un savant théoricien et en Francesco Landini (1335-1397), organiste aveugle de Florence, un équivalent de Machaut. Longtemps épris de monodie, les Italiens ne se lancent dans le madrigal et la ballade polyphoniques qu'avec précaution et le souci constant de préserver le *dulcedo* vocal. Ils se suffisent de deux voix, n'excèdent point trois et, sauf exception, répugnent au motet polytextuel. Si fécond dans les domaines de la pensée et des arts plastiques, le Quattrocento accusera une étrange phase de sommeil musical, sans doute parce que le précoce retour à l'Antique des Florentins ne peut pas encore aider au renouvellement de l'univers sonore. Tous les compositeurs franco-flamands n'en séjourneront pas moins en Italie, terre des arts et de la beauté.

C) *Le XVe siècle.* — Au terme du Schisme, l'Église de Rome tente de reconquérir une crédibilité et combat les hérésies ; la guerre de Cent Ans prend virtuellement fin en 1453 (l'année même où Constantinople tombe aux mains des Turcs). Durant ces temps d'épreuves, l'échiquier politique met face à face une Angleterre forte, une France affaiblie, et un duché de Bourgogne-Flandre arrogant qui attire à Dijon les plus grands artistes du Nord. La mort du Téméraire (1477) et le démantèlement de ses possessions permet à la France de Louis XI de resplendir à son tour à Paris et dans la vallée de la Loire.

Après Azincourt, la génération de Dufay et Binchois saura tirer profit de la présence sur le sol français de l'Anglais Dunstable (c. 1380-1453), soucieux de simplicité quoique fort savant, héritier qu'il était d'une tradition polyphonique attestée dès le XIIIe siècle, en particulier par le célèbre canon à six voix *Sumer is icumen in.* Martin Le Franc et le théoricien Tinctoris féliciteront les Français d'avoir su acclimater la « contenance anglaise » avec ses tierces et ses sixtes si douces (déjà fréquentes chez Vitry comme consonances imparfaites). Gilles Binchois (c. 1400-1460), musicien et chapelain des ducs de Bourgogne, passe à la postérité pour ses chansons joyeuses ou sensibles sur des poèmes de Christine de Pisan et Charles d'Orléans, où le texte n'apparaît qu'à la voix supérieure, les deux autres parties étant confiées aux instruments. Il en va sensiblement de même de son cadet Antoine Busnois. Si la Bourgogne festoie, la Flandre prie. Le retour au platonisme, après l'aristotélicisme prôné par Thomas d'Aquin au XIIIe siècle, permet « d'assouvir cette nostalgie du divin » (R. Huyghe). Sous la plume des musiciens du Nord, solidement formés dans les maîtrises des cathédrales, le motet redevient peu à peu religieux, monotextuel, en latin, dans une polyphonie équilibrée à toutes les voix. Vaste architecture, la messe tend vers l'unité par l'adoption d'une teneur unique (religieuse ou profane, comme la chanson de *L'Homme armé*) et d'un « motif de tête » énoncé au début des cinq oraisons ; mieux, dans la « messe-paraphrase » un motif mélodique féconde l'ensemble de la texture, et dans la « messe-parodie », précocement illustrée par Ockeghem, c'est la polyphonie tout entière d'une chanson ou d'un motet qui sert de matrice à l'œuvre nouvelle.

Guillaume Dufay (c. 1400-1474), formé à Cambrai, y terminera ses jours après avoir servi durant un quart de siècle les Malatesta et la papauté en Italie, les ducs de Savoie et, peut-être, les ducs de Bourgogne. Il signe quelque 80 chansons françaises et italiennes, s'adonne encore à de vastes motets polytextuels et isorythmiques pour célébrer l'inauguration de la cathédrale de Florence ou le *Banquet des faisans* en 1454. On lui doit aussi des fragments de messe et huit ou neuf messes complètes qui portent le titre de leur teneur *(Se la face ay pâle, L'Homme armé)*. Comme Dunstable, il se plait à alléger son contrepoint jusqu'au *bicinium* (duo), quitte à le charger de savants canons en fin d'œuvre.

Johannes Ockeghem (c. 1425 - c. 1497), Flamand au service de trois rois de France, incarne idéalement la science du Nord et les derniers feux du gothique flamboyant. À preuve, ses tours de force contrapuntiques tels la *Messe prolationum* qui superpose des canons en différentes valeurs rythmiques, la *Messe cuiusvis toni* chantable dans les quatre modes, ou encore un motet à 36 voix (perdu). Mais cette démarche si savante et « codée », digne d'un Jérôme Bosch, n'entrave nullement un art incomparable de la polymélodie, la plasticité des lignes immenses et souples qui s'entremêlent dans la plus parfaite harmonie. On conserve d'Ockeghem quelques chansons et motets, le premier *Requiem* polyphonique (celui de Dufay ayant disparu) et une douzaine de messes d'une rare qualité. Conscient de la splendeur de l'héritage qu'il reçoit, Josquin lui dédiera une déploration sur des vers de Jean Molinet :

> « Acoutrez vous d'abitz de deuil
> Josquin, Brumel, Pirchon, Compère
> Et plorez grosses larmes d'œil
> Perdu avez vostre bon père. »

II. — Renaissance

C'est le XVIIIe siècle qui appliqua au XVIe le terme « Renaissance » pour le louer d'avoir remis à l'honneur l'Antiquité gréco-romaine. En vérité, le Moyen Âge n'avait jamais cessé de méditer l'enseignement des Anciens, mais il fallut effectivement attendre le XVe siècle pour que les humanistes des Académies florentines, rejoints par les érudits grecs exilés, voient de nouveau en l'homme « la mesure de toute chose » (Protagoras) et s'évertuent à une appréhension plus expérimentale du monde. Alors que l'Italie amorce tôt le tournant, la France restera longtemps fidèle à la mentalité gothique, et plus encore l'Allemagne, l'Espagne et l'Angleterre. L'Europe du XVIe siècle voit du reste s'affronter les tendances les plus contraires : d'un côté, une communauté de pensée grâce à la découverte de l'imprimerie et aux lointaines expéditions qui favorisent la circulation des savoirs ; de l'autre, une double désunion consécutive à la rivalité des Habsbourg et des Valois, et à la Réforme protestante. Si à l'origine aucun des réformateurs ne souhaitait se séparer de l'Église catholique (« universelle »), ils furent acculés à « protester » devant l'inertie des papes, trop occupés à tenir à grands frais leur rôle de mécène et de chef d'État. La scission opérée par Luther, Calvin, Zwingli et Henry VIII obligera l'Église romaine à se ressaisir et à réaffirmer les dogmes essentiels à la faveur du Concile de Trente.

1. **Évolutions musicales.** — La Renaissance offre un paysage musical tout aussi contrasté : diversité des chansons françaises, italiennes, anglaises, allemandes, et d'une musique religieuse dorénavant plurielle et multilingue ; unité stylistique résultant de la diffusion de l'œuvre de Josquin par Petrucci, premier éditeur musical (Venise, 1501). L'implantation des Flamands Willaert à Venise et Gombert en Espagne, l'exil forcé des Anglais Bull et Philips en Flandre, les périples des autres musiciens vont dans le sens de cette internationalisation de l'art. Ainsi le Français Josquin, l'Espagnol Victoria passent-ils le plus clair de leur temps en Italie ; quant au Franco-Flamand Lassus, grand voyageur avant de se fixer à Munich, il fournit l'exemple parfait de l'Européen.

Encore largement vocale, a cappella, à quatre ou cinq parties, la polyphonie de la Renaissance peut s'étendre au double chœur à huit voix, voire atteindre quarante parties (motet *Spem in alium* de Tallis). Délaissant l'ancienne suprématie du ténor, les voix s'acheminent vers l'égalisation, et laisseront percer bientôt une polarité de la basse et du dessus. En effet, si tous vantent la souplesse, la splendeur contrapuntique, le figuralisme discret de la polyphonie josquinienne, cette *Ars perfecta* musicale, les tenants de la Réforme, de la Contre-Réforme et les poètes ne s'en accordent pas moins à demander un homosyllabisme plus propice à la compréhension des mots. Par ailleurs, l'extension des modes de huit à douze par Glarean n'entrave pas l'évolution irréversible vers une bimodalité, résultant de la confrontation des modes à tierce majeure *(do, fa, sol)* et à tierce mineure *(ré, mi, la)*. La conscience harmonique qui se précise dans les tablatures instrumentales ou les réductions d'airs au luth, le surgissement de la triade majeure pour conclure amènent le Vénitien Zarlino à réviser le tempérament (*Istitutioni harmoniche*, 1558).

2. **Musique d'Église**.

A) *Musique catholique.* — Elle reste fidèle à la messe-paraphrase, d'après une mélodie, à la messe-parodie, qui fragmente pour l'amplifier une polyphonie préexistante, et au motet en latin, subdivisé en sections pour mieux épouser les images du texte. Vers le milieu du siècle, apparaissent la Passion-motet, entièrement polyphonique, et la Passion-répons, monodique, coupée des chœurs de foule *(turba)*. À la charnière de deux siècles et de deux mondes, Josquin des Prés (c. 1445 - c. 1521) est l'idéal représentant, de cette musique d'Eglise : « Les autres musiciens font ce qu'ils peuvent avec les notes, Josquin seul en fait ce qu'il veut » aurait dit Luther. Les 20 messes et 100 motets de ce contemporain d'Érasme, Bosch, Léonard et Raphaël, de ce Français du Nord ayant passé quarante années de sa vie en Italie, relient la fin du gothique, complexe et spiritualiste, aux débuts de la Renaissance, en quête d'une humaine simplicité. Les premières messes à teneur liturgique ou à cantus firmus inventé *(Hercules Dux Ferrariae)* conduisent à l'émotion purifiée de la tardive messe-paraphrase *Pange lingua,* toute allégée de duos, qui culmine dans le dernier *Agnus Dei* réunissant les six incises de l'hymne grégorienne. Ses contemporains Pierre de la Rue, Obrecht, Isaac, ses disciples Mouton et Gombert font tous preuve d'un admirable métier. La Contre-Réforme trouvera ses champions en Roland de Lassus (1532-1594), auteur de quelque 2 000 compositions (messes, motets, cycles de madrigaux spirituels, chansons), chromatiques et audacieuses dans sa jeunesse *(Prophéties des Sibylles)*, sobres et fortes dans son âge mûr *(Psaumes de la pénitence)*, et en son contemporain Palestrina (1526-1594), maître de chapelle des grandes basiliques romaines. D'une exemplaire perfection de style et élévation de pensée, ses près de 100 messes et 600 motets lui vaudront, en cette période militante de la Contre-Réforme, la responsabilité du séminaire romain chargé de veiller à l'épuration de la musique d'Église, et une renommée jamais démentie. Héritier de la belle école de Morales et Guerrero, le mystique Espagnol Victoria (1548-1611) fréquente ce séminaire avant de le diriger à son tour et de se consacrer à une œuvre entièrement religieuse, réduite mais d'une rare intensité, alliant un dépouillement extatique à un douloureux expressionnisme, exacerbé après son retour en Espagne. À Venise, la Contre-Réforme prend un visage plus triomphant dans les *Concerti ecclesiastici* d'Andrea (1533-1585) et Giovanni Gabrieli (1557-1612) et les *Symphoniae sacrae* du cadet. La vivacité même du coloris et du rythme amène ces maîtres de la polychoralité vocale et instrumentale (suscitée par l'architecture intérieure de San Marco), ces magiciens du dialogue spatialisé, du *stile concertato,* des échos en clair-obscur dignes du Tintoret, à simplifier leur écriture polyphonique.

B) *Musique réformée.* — Aucun fait historique n'a eu autant de retentissement sur la musique que la Réforme, rupture sans précédent au sein de la communauté chrétienne d'Occident. Traduit en langue vernaculaire, le psautier sera la base des nouveaux cultes, même si Luther autorise la *missa* (*Kyrie* et *Gloria*) et le *Magnificat* en latin. Moine augustin, Luther (1483-1556) a « compris qu'à Église nouvelle il fallait cantique nouveau » (M. Honegger) : ce sera le choral (l'édition de Leipzig, de 1697, en contiendra environ 5 000). Musicien autant que poète, il compose lui-même les chorals fondateurs du nouveau culte, dont le célèbre *Ein' feste Burg ist unser Gott* (Un fort rempart est notre Dieu). Ces mélodies très simples, conjointes, sectionnées, strophiques sont destinées à être chantées à l'unisson par les fidèles, quitte à féconder secondairement de savantes polyphonies vocales ou instrumentales. Se défiant des sortilèges de la musique, Calvin ne tolère à l'office que la récitation chantée du psautier, mis en vers français par Clément Marot et Théodore de Bèze, et pourvu de quelques mélodies de Loys Bourgeois (édition de Genève, 1561). Claude Le Jeune (c. 1530-1600), Goudimel à Paris, Sweelinck à Amsterdam en réalisèrent plusieurs versions, simples ou savantes, sans oublier... l'abbé Janequin et le très catholique Lassus ! De la chanson spirituelle, genre « ès maisons » très prisé, les *Octonaires de la vanité et inconstance du monde,* mis en musique par Le Jeune et L'Estochart, offrent un remarquable exemple. À son tour, Henry VIII d'Angleterre se sépare de Rome. Héritiers de Taverner et de Tye, Tallis (1510-1595) et son disciple Byrd (1543-1623) s'efforcent de concilier leur catholicisme inébranlable et les exigences de la nouvelle Eglise anglicane ; ils chantent Dieu dans une polyphonie fervente, frôlant l'extase, tant au travers du motet latin que du *service* et de l'*anthem* anglicans (issus du *Book of Common Prayer).* Esprit novateur, Morley lance le *verse anthem* avec voix soliste, orgue et violes, par opposition au *full anthem* en polyphonie a cappella.

3. **Chansons et Madrigaux.** — Pour la première fois en ce siècle d'humanisme, le corpus profane rivalise avec celui d'Église. Narrative, sentimentale, leste, satirique ou « spirituelle », la chanson témoigne idéalement des aspirations et des modes de divertissement d'une civilisation. Elle rejette les complexités des siècles précédents au profit de quatre voix équilibrées et d'une simple linéarité ou d'une circularité strophique. Diffusées dans toute l'Europe par les éditeurs Petrucci, Attaingnant, Moderne ou Susato, les chansons françaises connaissent une vogue inouïe. Dans ses 62 chansons italiennes ou françaises, Josquin passe de la savoureuse *frottola (Il grillo)* à la gravité flamande *(Mille regrets de vous abandonner).* Le maître du genre est Clément Janequin (c. 1485-1558), habile à se saisir de la couleur et du rythme des mots, à les faire rebondir en un jeu d'onomatopées. Sous sa plume alerte, brèves chansons et vastes fresques *(La Bataille de Marignan, Le Chant des oiseaux)* rivalisent d'esprit et de trouvailles musicales. Il se laisse séduire par les poèmes de Marot qui inspirent aussi Sermisy, Loyset-Compère et

Certon. La publication des *Amours* de Ronsard (1552), accompagnés d'un supplément musical de Janequin, Certon, Goudimel et Muret, marque une nouvelle alliance de la poésie et de la musique. Pour ses odes et sonnets, le poète recommande une découpe strophique et une rythmique simple, favorables à l'entendement de ses vers. Cette première étape d'épuration conduira, vingt ans plus tard, à la « chanson en forme d'air », réduite pour une voix et luth, et à la « musique mesurée à l'antique » au sein de l'Académie de Poésie et de Musique où, sous l'égide du poète Baïf, les musiciens Le Jeune *(Le Printemps)* et Mauduit appliquent à la poésie française les scansions longues et brèves des Anciens. À la fin du siècle, l'influence en retour du madrigal italien vivifie la chanson polyphonique française qui connaît encore des heures de gloire avec Costeley et Lassus (également auteur de madrigaux italiens et de lieder polyphoniques allemands) et les admirables *Amours de Ronsard* d'Anthoine de Bertrand.

Enfanté par les Flamands Arcadelt, Willaert, Ph. de Monte, C. de Rore, le madrigal italien procède du croisement de la chanson populaire locale, *frottola* ou *villanella,* et de la chanson savante française, avant d'atteindre son apogée avec les Italiens Marenzio, Gesualdo et Monteverdi. Le plus souvent à cinq voix a cappella, le madrigal favorise dissonances, caprices rythmiques et toutes licences, ou « madrigalismes », susceptibles de traduire — non sans quelque génial maniérisme chez Gesualdo — les images poétiques de Pétrarque, Ariosti, Tasso, Sannazaro et Guarini. Le *Fa la la* ou balletto à refrain imaginé par Gastoldi, le vaste « madrigal dramatique » de type narratif illustré par Vecchi *(Amfiparnaso)* et Banchieri offrent de très diverses possibilités de renouvellement. D'Italie, le madrigal passe en Angleterre où, tout aussi audacieux, il distille une atmosphère plus douce, mystérieuse et unie, propre à la langue de Morley, Byrd, Weelkes, Wilbye ou Gibbons. L'Espagne, elle, reste fidèle au *romance* épique et au *villancico* semi populaire, quoique certains de ses représentants aient tâté du madrigal italien.

4. **La « Renaissance » en musique.** — L'expression commence à prendre un sens en Italie au milieu du XVIe siècle avec la remise à l'honneur du mode chromatique grec (Vicentino, Rore, Lassus), puis en France avec la musique mesurée à l'antique. Il s'applique davantage encore à la quête du chant magique d'Orphée, vanté par Platon, et à la restauration (ou ce que l'on crut telle) de la pastorale et de la tragédie grecques. À Florence, centre intellectuel de l'Italie, ce nouveau *canto a voce sola* (ou mélodie platonicienne) *in genere rappresentativo* est le fruit des efforts conjugués du poète Rinuccini, du théoricien Galilei (*Dialogo della musica antica e della musica moderna,* 1581), des chanteurs Peri et Caccini (*Nuove musiche,* 1601), réunis autour du comte Bardi. Regroupés dans la *camerata* Corsi, les mêmes musiciens se voueront peu après à la création de la *favola* et du *dramma per musica,* fondés sur le *parlar cantando.* Dignement illustré en l'an 1600 par les deux *Euridice* de Peri et Caccini, le nouveau genre théâtral avait été préparé par l'*Edipo tiranno* d'Andrea Gabrieli d'après Sophocle (1585, pour l'inauguration du théâtre olympique de Vicence érigé par Palladio), les intermèdes collectifs de *La Pellegrina* (Florence, 1589), et la *Dafne* de Peri (1594). La France, de son côté, affirme d'entrée de jeu sa dilection pour la danse en conférant à ce nouveau spectacle total (chant soliste, chœurs, danses), chargé de rhétorique, la forme du ballet de cour, avec pour premier chef-d'œuvre le *Ballet comique de la reine* en 1581.

5. **Musique instrumentale.** — « Au commencement était le rythme » (Bülow) : depuis que le premier homme a tambouriné, la musique instrumentale existe ; les textes comme l'iconographie renseignent sur la variété et l'usage des instruments depuis des millénaires. Cependant, consubstantielle à l'univers vocal, cette musique *sine littera* n'avait pas encore conquis de statut conceptuel. Et ce n'est qu'à l'aube du XVIe siècle que les instruments *fabriqués* par l'homme, autrefois victimes du discrédit de l'Église, accèdent à une émancipation, attestée par les confréries de « joueurs d'instruments », et que l'impri-

merie diffuse cette nouvelle musique dédiée à une nouvelle société humaniste, celle de Maximilien Ier qui entretient de nombreux instrumentistes, de François Ier qui ramène violons et violonistes d'Italie, d'Henry VIII qui compose, joue du clavecin et de la flûte, et même des papes qui s'entourent d'un petit orchestre.

A) *Les genres.* — Si, durant le Moyen Âge, les instruments avaient eu à participer à la musique vocale, des polyphonies sans texte, comme le *Hoquet David* de Machaut, restaient rares. Les témoignages les plus anciens sont à chercher dans les danses médiévales comme la ductie et l'estampie, et dans les « colorations » (transcriptions ornées) de motets et chansons, vite accueillantes aux figures idiomatiques exubérantes suscitées par les perfectionnements de la facture instrumentale et la virtuosité des exécutants. Les manuscrits (*Robertsbridge,* c. 1320, codex de Faenza, c. 1420, *Buxheimer Orgelbuch,* c. 1460) se présentent en « tablatures », sémiographies à base de chiffres ou de lettres, indissociables de la pratique instrumentale.

Au XVIe siècle, un maniement plus expert des structures achève de délivrer la musique instrumentale d'une sujétion au modèle vocal. En marge des transcriptions, deux vastes catégories se font jour : les genres apparentés aux paradigmes vocaux et ceux sans référents. La première

Fig. 3. — Tablatures de luth du XVIe siècle (en haut, tablature française; en bas, tablature italienne)

regroupe le *ricercare* (ou fantaisie, *fancy, tiento*) contrapuntique, en imitation, subdivisé en sections indépendantes ou reliées par un motif commun, la *canzone*, plus ductile et capricieuse, et les versets liturgiques — pour la messe, le *Magnificat*, le *Te Deum* ou les hymnes — souvent fécondés par la mélodie grégorienne avec laquelle ils alternent. La catégorie directement instrumentale réunit plusieurs familles : les danses, de mètres binaires ou ternaires, basses et à pas coulés ou « hautes » (bransles de toutes régions, *saltarello*), souvent groupées par deux (basse-dance et tourdion, pavane et gaillarde) ; les préludes et toccatas, utiles pour vérifier l'accord de l'instrument et dégourdir les doigts de l'interprète, et prétextes à de brillantes improvisations, notées ou non, parcourues de traits serpentins et d'accords arpégés ; les variations, soit décoratives, sertissant la mélodie de volutes ornementales, soit contrapuntiques, malaxant les textures sonores elles-mêmes, soit sur ostinato et volontiers combinées à des danses *(passamezzo, romanesca, follia)* ; enfin, les pièces à titre et pages de circonstance, telles fanfares et carillons.

B) *Les « Écoles »*. — Relativement discrètes en matière de musique vocale, malgré Isaac, Gallus et Lechner — disciple de Lassus —, les terres germaniques brillent au firmament de la facture et de la littérature d'orgue. Paumann (*Fundamentum organisandi*, 1452), Schlick (*Miroir des organiers et des organistes*, 1511), Hofhaimer, grand virtuose au service de l'empereur à Innsbruck, puis son disciple Buchner, auteur de la première messe pour orgue vers 1520, posent les bases d'une prestigieuse école de clavier, subitement freinée par les débuts du protestantisme. Durant les années creuses du milieu du XVIe siècle, ce sera au tour du luth de rayonner avec Hans Gerle et les Neusidler.

La situation s'inverse pour la France. Si sa musique vocale a dominé cinq siècles de polyphonie internationale, sa première littérature instrumentale apparaît étonnamment parcellaire. Pénurie sans doute imputable aux répercussions des guerres de religion sur l'édition, mais aussi à la grande aptitude des Français à l'improvisation. Pour les claviers, la moisson se résume aux sept tablatures publiées par Attaingnant en 1531 (messes, *Magnificat,* transcriptions de motets, danses et préludes) et à une gracile fantaisie de Costeley — les plus tardives et ambitieuses fantaisies de Le Jeune, Guillet et Du Caurroy s'adressant « aux instruments » en général. Le luth bénéficie de la présence d'Albert de Rippe (de Mantoue), virtuose-poète dont les œuvres seront publiées par ses disciples Morlaye et Adrian Le Roy. Le goût français pour la danse nous vaut fort heureusement les savoureuses *danceries* pour « concerts » d'instruments réunies par Gervaise et Du Tertre, et l'*Orchesographie* (1589), précieux traité de Thoinot Arbeau.

Avec ses *ricercari* admirés de toute l'Europe, le luthiste Francesco da Milano, « *Il divino* », sonne le réveil musical de l'Italie à l'aube du fastueux Cinquecento. Malgré la modestie des claviers italiens, il est suivi avec maestria par les organistes, les Cavazzoni père et fils, puis Merulo, créateur à Venise de somptueuses *toccate.* Également organistes de San Marco, Andrea et Giovanni Gabrieli ont marqué de leur griffe orgueilleuse et léonine, à l'image de l'emblème vénitien, le *stile concertato* opposant deux ou plusieurs chœurs instrumentaux. La célèbre *Sonata pian' e forte* de Giovanni magnifie la *Musica nova* (1540) et autres *Ricercari da cantare & sonare d'organo & altri stromenti* de ses prédécesseurs.

L'extrême maturité de la musique espagnole sous Charles Quint laisse supposer un stade antérieur encore peu connu, mais la présence d'une double « chapelle » ibérique et flamande favorise de toute façon une rapide et féconde éclosion stylistique. Les vihuélistes Luis Milán et Luis de Narvaez rivalisent d'emblée avec Francesco da Milano ; Ortiz publie des *glosas* (variations) et *recercadas* pour « *violones* » ; Bermudo et Santa-Maria assurent les bases théoriques et pratiques de la musique pour clavier que Cabezón (c. 1500-1566), célèbre organiste aveugle, hisse aux cîmes de la littérature européenne dans ses *Obras de musica para tecla, arpa y vihuela* (posthumes), à l'heure même où Ignace de Loyola fonde la Compagnie de Jésus. Portés vers une austère écriture polyphonique, comparable au palais-monastère de l'Escorial, tous pratiquent le *tiento* et les variations (*Diferencias sobre el llanto del caballero* de Cabezón) au détriment de la danse et de pages plus légères.

Cabezón laissera une trace durable de son passage en Angleterre à la faveur des noces de Philippe II et de Marie Tudor. Mais, sur de très frêles claviers (virginals), les virginalistes élizabéthains pousseront son art de la variation à un degré de virtuosité insoupçonné de l'Espagnol. Byrd, Farnaby, Philips, Gibbons et surtout Bull se grisent de figurations ludiques — tierces, sixtes, notes répétées, gammes et arpèges — volontiers déroulées sur une basse obstinée *(ground)*, et imaginent des pièces aux titres énigmatiques ou humoristiques. Ils savent aussi porter à un sommet de complexité leurs *fancies* (Fantaisie sur l'hexacorde de Bull) et rester humblement fidèles aux graves « *In nomine* » d'origine liturgique. Le *Fitzwilliam's Virginal Book* réunit la majorité de ces pièces à l'inimitable parfum. *Fancies* et *In nomine* se retrouvent dans les *consorts* de violes si prisés des Anglais pour leur noble mélancolie. Chanteur et luthiste ayant promené sa muse plaintive à travers l'Europe, Dowland est le poète des *Lachrimae or seaven Teares* pour luth et violes et de pièces nostalgiques pour luth seul, tandis que Johnson, luthiste d'Elizabeth Ire, Campion, Pilkington ou Jones puisent volontiers à des sources plus fraîches.

Chapitre II

L'ÂGE TONAL

III. — L'ère baroque

Aujourd'hui admis pour désigner la musique des années 1600-1750, le vocable « baroque » était en ce temps péjoratif et synonyme de « bizarre »... On évitera donc de réduire à cette seule étiquette toutes les tendances, individuelles et collectives, manifestées au long de ces cent cinquante années. Si, indéniablement, l'époque se définit dans la théâtralité des mots, des volumes et des lumières, si de puissantes envolées animent un sermon de Bossuet à l'égal des draperies de marbre du Bernin, si les courbes et les ellipses architecturales renvoient à la circularité des systèmes de Kepler et Galilée, à la circulation du sang théorisée par Harvey, si les trompe-l'œil picturaux répondent à l'infini à *L'Illusion comique* d'un Corneille, le siècle n'en est pas moins celui du rationalisme cartésien, de la philosophie expérimentale de Locke, de la fondation d'académies où se définissent les règles et s'élaborent les dictionnaires. Et pour ceux que menacent d'atroces affrontements politiques et religieux, la vie n'est pas un songe dans cette Europe « baroque » : les terres allemandes sortent exsangues de la guerre de Trente Ans lancée par l'empereur catholique ; la France, triomphante après les traités de Westphalie, n'évite pas les frondes de tous ordres ; à deux reprises, les Stuarts d'Angleterre sont chassés de leur trône par une révolution ; Vienne lutte héroïquement contre les Turcs.

1. **Le baroque musical.** — « Le classique tendant à la définition fixe, est de type architectural, le baroque excitant des perceptions émotives et mouvantes, est de type musical » (R. Huyghe). Rien de moins fixe assurément que les structures musicales morcelées du premier baroque, l'instrumentation non précisée, les lignes vocales et instrumentales à orner et les « doubles » à improviser (comparables aux esquisses picturales) ; rien de plus ambigu que les effets de spatialisation acoustique encouragés par les églises aux multiples tribunes (Venise, Lübeck), que la ductilité rythmique des « notes inégales », que ces degrés mobiles hésitants entre une modalité finissante et une tonalité naissante ; rien de plus contrasté — et décisif pour la naissance de la logique tonale — que la nouvelle monodie sous-tendue par une basse continue (BC) à réaliser, supposant une véritable pensée harmonique. Cette « monodie » corrobore dans le même temps la prise de conscience du « je », du « sujet » philosophique dont Descartes se fait le porte-parole et qui s'exprime également dans le « sujet » de fugue et dans le monothématisme. Le baroque tardif aura soin de mettre de l'ordre dans ce bouillonnement d'idées et se donnera notamment pour objectifs la réunion des « goûts » et la quête d'un « bon tempérament ». Ce sera son versant classique, assumé par les grands esprits portés à la synthèse que sont Lully, Corelli, et plus encore Rameau et Bach qui, l'un dans son *Traité de l'harmonie réduite à ses principes naturels,* l'autre dans son *Clavier bien tempéré,* donneront en 1722 le « discours » et la « méthode » de la tonalité triomphante. Dans ces années où la musique est plus que jamais assimilée à un *discours,* théoriciens (Burmeister, Kircher) et créateurs s'efforcent de lui appliquer les structures et figures de la rhétorique verbale, et collectent une panoplie d'images musicales. *Ars bene dicendi,* l'enjeu de la rhétorique réside dans la persuasion, et l'éloquence de la musique est un puissant moyen d'édification par le truchement du « divertissement » de l'âme. Pour peindre les passions humaines, le baroque musical se fait Verbe et Geste ; il déclame et il danse : l'opéra, le ballet et l'oratorio en sont les genres les plus représentatifs.

Au long des années 1600 à 1750, l'Italie mène le jeu, qui enfante tous les genres vocaux et instrumentaux importants, la basse continue, qui se distingue par l'emploi précoce des violons, une écriture en trio, un langage truffé de chromatismes et dissonances, un « beau chant » exaltant la relation émotive de l'auditeur au verbal, donc à l'œuvre. Héritière d'un prestigieux passé, la France supporte mal de passer au second plan et sera acculée à définir une esthétique musicale forte et durable sous Louis XIV en réaffirmant son goût pour la danse, la déclamation, la sonorité voilée des luths et violes. La définissent en propre l'ouverture et la suite « françaises », l'écriture à cinq parties, les notes inégales et une ornementation sémiographique.

2. **Musique vocale.**

A) *Le madrigal, l'air et la cantate.* — Encore à cinq voix a cappella chez Gesualdo et dans les premiers Livres de Monteverdi et d'India, le madrigal italien intègre le solo dès les années 1600 avec Peri, Caccini ou Luzzaschi. Le VIIe Livre de Monteverdi (1619) vibre de toutes les passions humaines *(Lettera amorosa, Lamento della ninfa)* et ses *Madrigaux guerriers et amoureux* font éclater le genre en regroupant le *Ballet des Ingrates* et le *Combat de Tancrède et de Clorinde,* scène dramatique mimée où s'inaugure son *stile concitato* (agité). Par choix, les Anglais maintiennent longtemps le madrigal polyphonique aux côtés de l'*ayre* pour voix soliste et luth ou violes. Subtil et marié à des rythmes de danse, en particulier la mélancolique pavane, sous la plume élégiaque de Dowland, l'ayre trouvera un délectable accomplissement en fin de siècle chez Purcell. L'air de cour français, illustré par Guédron, Boesset, Moulinié, puis Lambert et tous les musiciens du temps de Louis XIV, Couperin compris, allie non sans hiatus une structure musicale strophique très simple et une préciosité poétique. La cantate italienne, genre profane *da camera,* pour une voix (parfois deux ou trois) et basse continue, étoffé ou non d'un violon ou d'une flûte, prend à Venise vers 1620 le relais du madrigal. Elle s'épanouit à Rome avec Rossi, Carissimi, puis à Naples avec A. Scarlatti sous la forme d'une alternance de récitatifs et d'airs. Les Français l'adaptent à leur langue dans les dernières années du XVIIe siècle — conjointement à la sonate — et elle fera bientôt fureur dans les salons. De Campra à Rameau, de Clérambault à Montéclair, c'est à celui qui s'y illustrera avec le plus de bonheur. Les Allemands réservent le terme *cantate* à des œuvres pour soliste ou en langue italienne, et ce n'est qu'*a posteriori* qu'on a étendu ce vocable au répertoire luthérien.

B) *L'opéra.* — Création baroque par excellence, l'opéra ne devint tel que vers 1620 lorsqu'il se tranforma en spectacle total et gagna les scènes publiques. Le genre de la *favola in musica* de Peri, Caccini, Gagliano et Monteverdi marque plutôt l'apogée de la Renaissance, et le thème philosophique de leurs *Dafne, Euridice* et *Orfeo* n'est autre que le pouvoir de la musique, véhiculé par le mythe d'Orphée et de son chant magique. Le génie de Monteverdi (1567-1643), ardent défenseur d'une *seconda prattica* musicale, habile à traduire les passions de l'âme, réside dans son aptitude à la totalité : innover sans renoncer aux richesses du passé. Créé à Mantoue, son *Orfeo* de 1607 entrelace monologues en *parlar cantando,* chœurs polyphoniques et ballets ; et sa structure en cinq actes, précédés d'une ouverture et d'un prologue, servira longtemps de modèle. Monteverdi manie en maître l'architecture globale (air d'Orfeo aux Enfers au centre du troisième acte) et locale, la symbolique des sonorités pastorales et infernales, l'éthos des tonalités (*sol* mineur d'Orphée, *la* mineur de la mort). Et le miracle se produit : « L'on peut affirmer que le pouvoir de la musique antique a été restauré, puisque le public en a été remué jusqu'aux larmes », témoigne son émule Gagliano. À Rome, sous la houlette des cardinaux, l'opéra élargit son ambition sociale. Les Barberini font construire un théâtre de 3 000 places dont le Bernin ne dédaigne pas de s'occuper. Mais c'est à Venise, en 1637, avec le *San Cassiano,* qu'ouvre le premier Opéra public et payant. Pour obtenir le suffrage de ce nouvel auditoire versatile et exigeant, les efforts porteront sur la splendeur de la machinerie et des voix solistes au détriment des chœurs et de l'orchestre. Peut-être aidé de ses disciples, Monteverdi compose pour Venise *Le Couronnement de Poppée,* au sujet historique, en scènes contrastées, premier chef-d'œuvre de l'opéra véritablement « baroque ». Fort célèbre, son disciple Cavalli (1602-1676) fut appelé en France pour présider aux fastes musicaux du mariage de Louis XIV. Ses opéras *Giasone, Xerse, Ercole amante* n'ont pour rival que *Il Pomo d'oro* de Cesti, somptueusement monté pour le mariage de l'empereur. Plus encore qu'Albinoni, Marcello ou Caldara, Antonio Vivaldi (1678-1741) le relaie à la tête de l'École vénitienne. Il assure en personne la promotion de sa cinquantaine d'opéras dans les capitales italiennes et étrangères. Son *Orlando furioso* d'après l'Arioste illustre la nouvelle forme « à numéros » et s'impose par un art consommé du chant entremêlé de soli instrumentaux, un dramatisme qui embrase les récitatifs accompagnés du héros gagné par la folie amoureuse. L'École napolitaine prend son essor à l'aube du XVIIIe siècle avec Provenzale, Leo, Vinci, et dans cette terre du bel canto, l'opéra se mue en concert. L'assistance se grise des prouesses vocales de la *prima donna* et du *primo uomo* (castrat), dans le cadre de « l'opéra d'arias » en trois actes, codifié par les librettistes Zeno puis Métastase. A. Scarlatti, Pergolèse, Jommelli donnent ses lettres de noblesse à cet opera seria, éventuellement farci d'intermezzi bouffes en guise d'entracte, tels ceux de *La Serva padrona* dans *Il Prigionier superbo* de Pergolèse (1733). Le destin historique de cette insolente « servante maîtresse » était alors insoupçonnable, mais dès *Il Trionfo dell'onore* (1718) d'A. Scarlatti, se silhouette la comédie de mœurs de Marivaux ou Goldoni, et le dramma giocoso de Da Ponte et Mozart.

Confié à plusieurs compositeurs (Mauduit, Guédron, Boesset pour les airs, Dumanoir, Mazuel pour les danses), le ballet de cour français se suffit de quelques costumes ou s'entoure de fastueux décors (*Ballet de la délivrance de Renaud,* 1617). Masqués, les aristocrates se mêlent aux professionnels, et le roi participe au ballet final qui se mue en bal collectif. À la mort de Louis XIII, Mazarin fait venir Rossi, Cavalli, machinistes et chanteurs italiens pour tenter d'implanter l'opéra ultramontin. Les Français goûtent peu ces spectacles exotiques, excepté leur machinerie, et accordent leur préférence aux pastorales du Français Cambert, jusqu'à l'arrivée de Lully (1632-1687). L'intelligence et la volonté de destin du Florentin le mèneront au Parnasse des artistes gravitant autour du Roi-Soleil. Danseur et violoniste, il se donne pour première mission d'unifier le ballet de cour. Vient ensuite l'étape des onze comédies-ballets avec Molière (*Le Bourgeois gentilhomme,* 1670), mais les deux Baptiste se brouillent et Louis XIV renonce à danser. Aidé de Quinault, Lully façonne alors la tragédie en musique, en un prologue et cinq actes, genre emblématique du régime. Douze tragédies mythologiques ou chevaleresques *(Alceste, Atys, Armide)* offrent au monarque le reflet idéalisé de son règne et de sa personne. Naturalisé français, surintendant de la musique royale, Lully se fait le champion de la litote dans son récitatif sobrement déclamatoire, ses airs très brefs et une harmonie dépouillée. Autres constantes françaises dans ce théâtre du merveilleux et des enchantements : les danses et les chœurs qui s'épanouissent à loisir dans les « divertissements ». Détenteur d'un exorbitant privilège d'opéra, Lully régna en despote sur l'Académie de musique, fondée en 1669. À sa mort, Charpentier osera une sombre *Médée,* et Marais, Destouches, Campra y créeront qui une tragédie lyrique, qui un opéra-ballet — genre typiquement français lancé par Campra avec *L'Europe galante* en 1697. Rameau (1683-1764) attendit la cinquantaine pour risquer sa première tragédie avec *Hippolyte et Aricie.* La profusion des idées, la complexité de l'écriture inhabituelle en ces lieux alarmèrent les lullistes qui diagnostiquèrent aussitôt des symptômes d'italianisme ! Avec sagesse, Rameau produisit ensuite l'opéra-ballet *Les Indes galantes,* propre à réconcilier les factions, puis alterna ambitieuses tragédies *(Castor et Pollux, Dardanus)* et actes de ballet plus légers et brillants. L'enthousiasme des Encyclopédistes pour la subtile et comique *Platée* (1745) ne permit pas cependant de faire l'économie de la « Querelle des Bouffons », déclenchée par les représentations de *La Serva padrona* (1752), car d'évidence l'enjeu véritable de l'affrontement était d'ordre idéologique et, à travers la tragédie lyrique, c'était l'obsolescence de la monarchie française qui était visée.

À l'instar de la France des Bourbons, l'Angleterre des Stuarts s'adonne au ballet de cour, intitulé *Masque.* Sous la dictature puritaine de Cromwell, le rythme des divertissements se ralentit. Peu après la restauration monarchique (1660), Charles II, élevé en France avec son cousin Louis XIV, nommera le Français Cambert comme surintendant de sa musique, fera monter plusieurs tragédies de Lully et n'aura de cesse d'imposer l'opéra français à ses compatriotes : la greffe ne prit pas plus que celle de l'opéra italien sur le sol français. Les Anglais, qui de longue date aimaient à concilier théâtre parlé et musique, fournirent leur réponse nationale en 1674, sous la forme d'un semi-opéra, *The Tempest* d'après Shakespeare, mêlé de musiques de Locke, Humphrey et Banister. Henry Purcell (1659-1695) signe un seul et très bref opéra, *Dido and Aeneas,* dans la veine de *Venus and Adonis* de son maître Blow. De plus grande envergure, *King Arthur, The Fairy Queen, The Indian Queen* se rattachent au genre du semi-opéra. À bien des égards, Purcell se montre disciple des Français et des Italiens, mais les climats féeriques teintés de truculence, la verdeur de ton, l'ambiguïté d'un langage en clair-obscur, aux confins du modal et du tonal, parsemé de chromatismes retournés, le pathétisme des airs ivres de liberté, à peine retenus dans leur envol par des basses de *ground,* ne relèvent que de sa fascinante imagination. Sa disparition prématurée fut rien moins qu'une catastrophe nationale : orpheline, démunie, l'orgueilleuse Albion n'aura plus qu'à se livrer aux étrangers, les Italiens Bononcini, Gasparini, les Allemands italianisés Haendel, Hasse, en attendant Haydn, Weber et Mendelssohn...

À l'origine de l'opéra allemand, la *Daphne* (1627) perdue de Schütz resta sans lendemain en ces temps de guerre. Plus tard, l'opéra italien gagnera Vienne, Dresde et Hambourg. Sous la direction de Keiser, le théâtre hambourgeois suscite aussi des productions allemandes ou mixtes (récitatifs en allemand, airs en italien). Telemann, Mattheson et Haendel y feront leurs armes sans pouvoir freiner sa décadence inexorable. Haendel (1685-1759) affine sa maîtrise de l'opéra sur le sol italien au contact d'A. Scarlatti, avant de gagner l'Angleterre où, un quart de siècle durant, cet Allemand apatride, européen dans l'âme, s'échinera à imposer aux Anglais l'*opera seria* italien *(Rinaldo, Tamerlano, Giulio Cesare, Orlando, Ariodante, Alcina)* dont les insulaires n'avaient que faire. Pour arriver à ses fins, l'invincible Saxon prend à son compte la *Royal Academy,* renouvelle ses vieux livrets vénitiens au contact de sources françaises, part en quête de nouvelles voix : une telle opiniâtreté lui vaut quelques succès, quand, au plus fort de la lutte, les Anglais lui décochent la flèche empoisonnée du *Beggar's Opera* (1728)...

C) *Musique d'Église.* — Réforme et Contre-Réforme ont profondément marqué les esprits. Chacun s'efforce à une religion plus authentique, mais tout élan a sa contrepartie dans l'intolérance, traduite à Rome par le procès de Galilée, en terre allemande par une guerre meurtrière, en France par l'anéantissement des jansénistes et la dispersion forcée des calvinistes. Voie royale de ce siècle porté à la dévotion et au dolorisme, la musique sacrée évolue néanmoins de concert avec la musique profane, et l'on aurait tort de s'offusquer de ses vocalises et ritournelles instrumentales, car la théâtralisation des affects se met au service de l'édification des âmes, d'où le rituel des pompes funèbres, la mise en scène des leçons de ténèbres, et la fondation de sociétés de concerts primitivement dédiées à la musique sacrée, telles les *Abendmusiken* de Lübeck ou le *Concert spirituel* parisien (1725).

La musique d'Église catholique marque dorénavant une préférence pour les motets en latin, plus variés que le texte immuable de la messe. À Mantoue, Monteverdi écrit ses *Vêpres de la Vierge* (1610), vaste ensemble unique en son genre, tributaire des *Symphoniae sacrae* de G. Gabrieli mais enrichi de nombreux soli. Nommé maître de chapelle de San Marco de Venise (1613), il accumule ensuite les psaumes, hymnes, litanies et messes publiés dans sa *Selva morale e spirituale.* Notons que Monteverdi confie la même musique au *Lamento d'Arianna* et au *Pianto della Madonna* : à semblable douleur, semblable compassion, sans arbitraire distinction entre sacré et profane. À Venise, nous retrouvons Cavalli, Legrenzi, Vivaldi *(Gloria),* Caldara et, à Naples ou à Rome, A. Scarlatti qui s'illustre avec une égale maîtrise dans le *stile osservato* a cappella, toujours en vigueur à la Chapelle sixtine, et dans le *stile nuovo* de sa brillante *Messe Sainte-Cécile.* Quant au *Stabat Mater* de Pergolèse, émouvant chapelet d'*arie da chiesa,* il fit pleurer l'Europe entière.

L'oratorio, genre narratif sur des sujets bibliques ou allégoriques, ne prit que tard le nom de son lieu de naissance et d'élection : l'oratoire de Philippe Neri. La Contre-Réforme l'encouragea comme outil de propagande pour faire pièce au choral luthérien et au psaume huguenot, et l'on a coutume de voir dans *La Rappresentazione di anima e di corpo* de Cavalieri, à Rome en l'an 1600, le premier oratorio. En vérité, le genre se distingue assez mal de l'opéra sacré, ne serait-ce que par l'emploi fréquent de la langue vernaculaire. C'est dans la Rome pontificale qu'il s'épanouit avec Landi, Rossi, Stradella *(Saint Jean-Baptiste),* A. Scarlatti *(Passion selon saint Jean, Sainte Ursule)* et que Carissimi (1605-1674) l'a marqué de son sceau. Ses dialogues et histoires sacrées en latin *(Jephté, Jonas, Ezéchias)* ne dépassent guère vingt minutes qui, dosées avec maestria, lui suffisent pour captiver l'âme de son auditoire : temps concentré des actions, temps dilaté des méditations en forme d'aria-arioso et des chœurs contrapuntiques d'une intense expression.

En France, la musique royale se répartit en trois corps : Chapelle, Chambre, Écurie. Les sous-maîtres de la Chapelle ont nom Du Caurroy sous Henri IV, Formé sous le pieux Louis XIII enclin au conservatisme, Veillot sous la Régence. La province s'honore de l'original Bouzignac, tandis qu'un vent de nouveauté souffle à Paris avec l'arrivée du Liégeois Du Mont, retenu à sa cour par le jeune Louis XIV. Viennent alors Lalande (1657-1726) qui tient quarante années durant à Versailles le rôle d'éminence grise laissé vacant à la mort de Lully, Charpentier (1643-1704) au service des princes du sang, des jésuites et de la Sainte-Chapelle, puis Campra et Bernier sous Louis XV. Les offices royaux laissent peu de place à la messe en musique au profit du grand motet et du petit motet. Avec son *Miserere* de 1664, Lully sut faire du « Grand Motet à cinq » un genre majeur qui perdurera jusqu'à la Révolution. Tous ont contribué à la gloire du roi de France en chantant celle du roi des cieux, mais certains (Du Mont, Charpentier, Campra), malgré l'arrogante indépendance de l'Église gallicane, ont tissé la louange nationale de filaments italiens. Cependant, Charpentier, seul, reprit l'oratorio latin, au dolorisme théâtral, cher à son maître Carissimi.

Né symboliquement un siècle avant Bach et Haendel, Schütz (1585-1672) porte sur ses épaules le destin de l'Allemagne luthérienne, aidé en cette mission par ses amis Schein et Scheidt. Formé à la forte école du contrepoint franco-flamand, puis maître, à Dresde, de la chapelle la plus renommée d'Allemagne (bientôt dévastée par la guerre de Trente Ans), il succomba aux sortilèges du mélos italien à Venise (où il publia des madrigaux italiens, sa première œuvre) au contact de G. Gabrieli puis de Monteverdi. Ne nous étonnons donc pas que ses *Symphoniae sacrae* et *Petits Concerts spirituels* conjuguent allemand et latin, *stile osservato* et *stile moderno,* et demeurent presque exempts de chorals. Trois oratorios concertants (de Pâques, de Noël, *Les Sept Paroles du Christ*) et trois Passions a cappella, en allemand, témoignent de sa bouleversante « dévotion à la croix » : c'est ainsi que Schütz mit son « petit talent reçu de Dieu » au service de l'exégèse du Verbe. Pour Buxtehude (1637-1707) le Nordiste, le choral luthérien est au contraire le ferment de ses œuvres sacrées, ce qui ne l'empêche nullement de manier l'arioso expressif des Italiens, voire le latin, ni d'emprunter au faste des musiques louisquatorziennes pour galvaniser son auditoire de marchands lübeckois. Les *Abendmusiken* qu'il anime attirent successivement les jeunes Mattheson et Haendel, puis Bach.

Le destin des deux derniers, jumeaux par la naissance et la formation, amplifie les divergences de leurs prédécesseurs. Pour Haendel, après de premiers essais allemands, l'étape initiatique en Italie nous vaut les plus beaux motets latins jamais écrits *(Dixit Dominus)*. La conquête de l'Angleterre passera par une série d'anthems et d'odes à la manière de Purcell, avant de se focaliser dans l'oratorio anglais, genre inédit — dégagé à la fois des conventions scéniques et liturgiques — qu'il pétrit au gré de ses fulgurantes inspirations. Fresques bibliques *(Le Messie, Israël en Egypte)* animées de chœurs visionnaires d'une incomparable plasticité, et opéras sacrés *(Salomon, Jephté)* lui concilieront l'estime de ses contemporains et la vénération de ses successeurs. Fidèle à l'Allemagne centrale, J. S. Bach (1685-1750) est tout aussi européen en musique. A Mühlhausen, à Weimar, puis comme cantor et directeur de la musique à Leipzig à partir de 1723, il dut composer régulièrement de la musique sacrée. Ses cinq cycles de « cantates » allemandes (soit environ 300 dont il reste 200) dessinent une évolution notable, de la cantate « vieille-Allemagne », enchaînant ariosos, chœurs et chorals *(Actus tragicus)*, à la cantate à l'italienne, truffée de récitatifs et d'arias da capo. Presque toutes citent le choral du jour et certaines s'en nourrissent *(Christ lag in Todesbanden, Wachet auf, Ein' feste Burg ist unser Gott)* ; d'autres encore sont réunies en gerbe *(Oratorio de Noël)*. Les Passions selon saint Jean et saint Matthieu (cette dernière à deux chœurs et deux orchestres) des premières années leipzicoises enrichissent le récit évangélique et les chœurs de foule *(turbae)* d'ariosos, de méditatives arias et de vastes chœurs-portiques. Un *Magnificat* et une Messe en latin — cette dernière menée sur quelque vingt-cinq ans, jusqu'aux affres du doute et aux certitudes triomphantes du tardif *Credo* — complètent l' « offrande musicale » que ce disciple spirituel de Luther adresse « *Soli Deo Gloria* ». Outre ses inestimables qualités contrapuntiques, mélodiques et rythmiques, l'œuvre de Bach recèle un message inépuisable à décrypter dans la rhétorique du « musicien-poète » des jeunes années, et dans le réseau des symboles numériques ou signatures codées du créateur impénétrable des dernières années. Dans différentes villes d'Allemagne, principalement à Hambourg comme directeur de la musique à partir de 1721, le prolifique Telemann (1681-1767) sema quelque 2 000 cantates et 50 passions, sans compter les oratorios, odes et lieder divers. Un séjour à Paris en 1737 concrétisa une renommée internationale que Bach n'a jamais connue.

3. **Musique instrumentale.** — Toute la musique instrumentale du baroque tend vers l'éloquence et le mouvement. Théoriciens et compositeurs ne cessent de la tirer du côté du sens au moyen de figures de rhétorique (Italiens et Allemands), de titres et rythmes de danse (Français). Des formes plurisectionnelles, brèves et éclatées du baroque précoce aux vastes structures en mouvements organisés du baroque tardif, du contrepoint roi à la mélodie reine, tout « fait sens » ; de même, les choix de chaque nation en faveur de tels instruments, tels genres ou tels types d'ornementation. Sur l'échiquier européen, l'Italie domine le premier baroque avec ses *sonate, concerti* et *sinfonie* qui s'ajoutent aux anciens *ricercari, canzoni* et *toccate* ; mais la France louisquatorzienne fera une percée spectaculaire avec ses ouvertures et ses suites.

A) *Les claviers.* — Comme pour souligner la communauté de pensée européenne avant l'inéluctable dissociation, maintes œuvres de Bull, Sweelinck, Frescobaldi, Correa de Arauxo, Coelho, Scheidt, Titelouze, etc., s'amassent dans les années 1620. Grands pédagogues, les deux modèles sont alors Sweelinck (1562-1621), le calviniste d'Amsterdam, et Frescobaldi (1583-1643), l'organiste catholique de Saint-Pierre de Rome. Tous deux s'efforcent d'unifier leurs fantaisies ou *ricercari* au moyen d'un sujet commun, métamorphosé au fil des sections et combiné à d'autres motifs. Leurs variations se prévalent aussi d'une ferme texture, quoique Sweelinck ne dédaigne pas les figurations virtuoses héritées des Anglais *(Ma jeune vie a une fin)*. L'un des tout premiers, il applique le principe de la variation aux chorals protestants. Frescobaldi, lui, déploie son génie dans ses complexes *capricci,* et dans l'étonnante plasticité quasi vocale de ses *toccate,* précédées d'avertissements à considérer comme autant de traités du goût. Il réservera le plus pur de son art d'émotion à ses *Fiori musicali* (1635), formés de trois messes pour orgue.

Scheidt, auteur d'une immense *Tabulatura nova* profane et religieuse, Scheidemann et tous les organistes d'Allemagne du Nord se réclameront de Sweelinck. Les qualités nordiques se concentrent chez Buxtehude dans la prédication émue de ses chorals ornés, et dans l'inspiration fiévreuse, la virtuosité manuelle et pédestre débridée, quoique régulées par une recherche d'unité motivique, de ses préludes et fugues pour orgue. Les « Sudistes », eux, se réfèrent à Frescobaldi, et plus que quiconque Froberger qui porta la bonne parole en France et en Angleterre, et dont l'art à la fois dru et élégiaque (*toccate, ricercari,* suites « françaises ») tend vers une européanité retrouvée, dont un Muffat, disciple de Lully et de Corelli, se fera à son tour le héraut. Au centre, à Nuremberg, se tient le savant et discret Pachelbel, l'homme des chorals fugués ou figurés, et à Leipzig, peu avant Bach, Kuhnau, l'introducteur de la sonate de clavier en Allemagne, en particulier dans ses narratives *Sonates bibliques* (1700).

À Rome, M. Rossi et B. Pasquini (1637-1710) reprennent le flambeau frescobaldien, mais c'est au second qu'il incombe de tenir un rôle comparable dans le milieu pontifical et international, où navigue aussi son ami Corelli. À l'héritage, il ajoute des sonates pour un ou deux claviers, et des ensembles de danses mariant le balletto italien et la suite française. Célèbre pour la déchirante audace de ses « *durezze e ligature* », l'école napolitaine, de Trabaci à Durante, brille aussi par son éclaboussante virtuosité dont témoignent les *toccate* d'A. Scarlatti et ses variations sur la *Follia.* À Londres, sans démériter, les œuvres de clavier de Locke, Blow et Purcell ne tiennent pas les promesses du feu d'artifice élizabéthain. Plus que dans ses suites françaises, Purcell livre peut-être le meilleur de son talent non-conformiste dans les pièces de genre inspirées de mélodies écossaises, galloises ou irlandaises. Quant à l'Espagne, sur le déclin, elle ne peut plus guère s'enorgueillir que de Cabanilles et de ses rutilants jeux en chamade à l'orgue.

Après un creux d'un siècle, paraissent en France les premières productions pour clavier d'une école dorénavant vivace. L'une de ses sources en est la magnifique école de luth, qui des Gaultier et Du Fault, sous Louis XIII, se poursuivra sans férir avec Mouton et le théorbiste Robert de Visée jusqu'à la fin du « Siècle de Louis XIV ». Lancée à l'orgue par Titelouze (versets d'hymnes et de *Magnificat*) et au clavecin par Chambonnières (danses et déjà pièces à titre), l'école de clavier mise sur la différenciation des deux littératures, quitte à jeter quantité de passerelles, dont les savoureux Noëls « pour orgue ou clavecin ». Certains se spécialisent, tels d'Anglebert, éloquent porte-parole de l'instrument de salon, ou Nivers et Grigny, serviteurs exclusifs de l'instrument du culte. Le Livre d'orgue de Grigny (1699) est constitué de versets alternatifs pour cinq hymnes et pour la messe *Cunctipotens* (hormis le *Credo,* réservé aux chantres depuis le *Caeremoniale episcoporum* de Clément VIII en 1600). Par sa magistrale architecture, sa poésie spiritualiste, ses textures à cinq parties et son raffinement ornemental, la messe, destinée à sonner dans l'ample vaisseau de la cathédrale de Reims, offre l'exemple le plus achevé du style français. La plupart des autres compositeurs — le génial Louis Couperin, Lebègue, Marchand, Clérambault, Dandrieu et Daquin — s'adonnent alternativement aux deux instruments, publiant d'un côté leurs versets d'orgue pour le culte, de l'autre leurs « suites » de danses stylisées (dont Lebègue est l'organisateur) et de pièces à titre. Dans les deux cas se fait jour leur singulière écriture oblique, déchiquetée, dite « luthée », leur flore ornementale codée et de nombreux rythmes de danse ; mais le clavecin, seul, sera le peintre de saynettes et portraits, et l'orgue, seul, chantera un récit de « tierce en taille » ou de cromorne, fera dialoguer quelque « dessus de cornet et basse de trompette ». C'est donc ce double penchant, jamais démenti, pour l'*évocation* musicale et pour les sortilèges du *timbre* qui distingue les deux branches du clavier français.

Spécificités nationales et qualités s'épanouissent chez les « cinq grands ». Voici d'abord en France François Couperin (1668-1733), organiste du roi et professeur recherché, et Rameau (1683-1764), organiste et théoricien. L'aîné entame sa carrière par deux messes exemplaires pour orgue et la poursuit, après des années de maturation, par *L'Art de toucher le clavecin* et quatre Livres (1713-1730) aux préfaces ausi précieuses que celles de Frescobaldi ; le cadet se garde de jamais rien publier pour l'instrument d'église, et se contente de trois précoces et brillants Livres de clavecin (1706-1728), à quoi s'ajoutent des *Pièces de clavecin en concert* à mi-chemin de la musique de chambre. Les danses et pièces de caractère à titre des deux musiciens répondent aux désirs — aux exigences ? — de la société française pour qui la musique ne parle au cœur qu'à travers les sens et l'esprit. Couperin excelle dans l'évocation poétique *(Les Langueurs tendres, Les Barricades mystérieuses)* et les croquis de cour *(Les Dominos ou les folies françaises),* Rameau dans la virtuosité *(Les Cyclopes)* et l'audace harmonique *(L'Enharmonique).*

Plus tardives, les quelque 555 sonates de l'Italien Domenico Scarlatti (1685-1757) ont pour la plupart vu le jour dans les vingt dernières années de sa « réclusion » à la cour d'Espagne. Fascinant cosmos en réduction, ces courtes pages en deux parties conjuguent la virtuosité funambulesque des Napolitains, les acciacatures, rythmes, timbres, parfums enivrants de l'Espagne, et la fébrilité, l'incurable nostalgie d'un tempérament cyclothymique. À preuve, la parcellisation du discours en motifs contrastés, leur réitération hallucinée, les interruptions abruptes : autant de chavirantes sautes d'humeur et ressassements obsessionnels quasi schumanniens.

Reste le parcours des jumeaux allemands. Polyglotte dans son art comme dans la vie, Haendel malaxe prélude et fugue à l'allemande, danses à la française, arias mélismatiques et allegros concertants à l'italienne (Suites pour clavecin, 1720), et, champion du remploi, il s'emprunte sans vergogne. Aux petits orgues anglais, il dédie des concertos qu'il jouait, à l'émerveillement de tous, durant les entractes de ses oratorios. Toujours hâtivement jetées sur le papier, les œuvres de cet improvisateur-né ne prétendent pas au fini de celles de Bach. Au clavecin, Bach, qui ne fusionne pas moins les styles européens, préfère dissocier les genres : toccatas, suites et partitas, *Concerto italien* (et concertos pour clavier(s) et orchestre), *Clavier bien tempéré, Variations Goldberg, L'Art de la fugue* sont autant d'univers lucidement appréhendés. Déployées sur un ostinato de 32 mesures, partiellement canoniques, les *Variations Goldberg* (1741) allient une virtuosité transcendante, digne de Scarlatti, à une construction symbolique par multiples de trois et quatre qui atteignent à la quintessence. Ressortissant également au monde de la « variation », *L'Art de la fugue,* vaste ensemble né d'un sujet unique dans une tonalité unique, s'oppose magistralement aux fugues du *Clavier bien tempéré,* monde de la « variété », sur 48 sujets dans un double cycle des 24 tonalités majeures et mineures. De l'incomparable et immense production pour orgue, on retiendra les grands préludes et fugues où l'éloquence le dispute à la difficulté, les périlleuses sonates en trio, et, enfin, le répertoire de chorals luthériens, chefs-d'œuvre de symbolisme musical, allant des brefs préludes de choral *(Choralvorspiele* de l'*Orgelbüchlein)* aux amples fantaisies-choral à la manière de Reinken. À elle seule, la *Clavierübung* III (1739), sorte de messe luthérienne, résume et exalte cette double direction au travers de 21 chorals et 4 duettos, flanqués du prélude à trois thèmes et de la triple fugue en *mi* bémol (aux motifs signifiants), soit 27 morceaux en hommage à la Trinité.

B) *Sonates et « concerts ».* — Plus que jamais en ce domaine « de chambre », instruments et genres révèlent les goûts nationaux. L'Angleterre partage avec la France une inclination pour la sonorité envoûtante des violes. Mais si, à l'égal de Moulinié et Louis Couperin en France dans leurs fantaisies, Coperario, les Gibbons, les Lawes et le jeune Purcell se plaisent à tresser les fils savants de *fancies* et pavanes pour *consorts,* seuls les Français s'aviseront de hisser la basse de viole au statut de soliste. Sainte-Colombe, Marais, « l'ange », et Forqueray, « le diable », rivalisent de prouesses techniques et d'imagination poétique sur une viole à sept cordes, aussi propice à la virtuosité étincelante qu'à la polyphonie intriquée et au « labyrinthe » tonal (Marais). Les Allemands se risquent, eux, à la sonate pour viole, mais la famille d'instruments qui monte irrésistiblement est celle des violons, nés à Crémone et Brescia au XVIe siècle. Jugés d'abords criards et juste bons à faire danser, ils émergent de leur rôle collectif dès les années 1600 en Italie. D'emblée, les sonates en trio (deux violons et basse) ou en duo rivalisent d'expression et d'éloquence avec les madrigaux d'un Monteverdi, ainsi qu'en attestent les *Affetti musicali* de Marini, *Affetti amorosi* de Negri, *Sonate a soprano solo* de Castello, et toute la production des Cima, Uccellini, Vitali, Bononcini, etc. Maître incontesté de la Rome pontificale, violoniste légendaire, Corelli (1653-1713) portera le double genre de la sonate à l'accomplissement. Publiés et imités dans toute l'Europe, ses cinq opus (1681-1700) se scindent en effet en *sonate da chiesa* (adagio, allegro fugato, adagio, finale dansant) et *sonate da camera* (comparables à une « suite »). Professeur de Geminiani, Somis, Locatelli, inspirateur de Vivaldi puis de Tartini, porté au Parnasse par Couperin, il influencera tout le XVIIIe siècle, et déjà Purcell dans ses 22 sonates en trio (c. 1683).

Colonisés par les violonistes italiens, les Allemands rendent aussitôt les armes. Eux-mêmes immenses virtuoses, ils pratiquent maints artifices techniques (*scordatura,* jeu *col legno*, etc.). Après Schmelzer et Rosenmüller, Biber (1644-1704) démontre les capacités polyphoniques du violon *solo* dans une prophétique passacaille et ose le cycle de *Sonates du rosaire de Marie* (c. 1675), pathétique « oratorio » pour violon et basse continue. Marqué par Corelli, Haendel écrira de belles et sages sonates, certaines destinées aux flûtes et hautbois, tandis que, puissant novateur, Bach compose d'un côté six exemplaires sonates pour violon et clavecin obligé, de non moins admirables sonates pour flûte et clavecin, avant d'associer les deux « dessus » dans la sonate en trio de l'*Offrande musi-*

cale ; de l'autre, trois sonates (avec un grand mouvement fugué) et trois partitas (celle en *ré* avec une monumentale chaconne) pour violon solo, véritable charte du violon transcendental, exploit qu'il renouvelle au violoncelle et à la flûte.

En France, ce sont les claviéristes qui donnent le coup d'envoi (Dandrieu), bientôt suivis des violonistes (Anet, Sénaillé), des flûtistes (Hotteterre, Blavet) et hautboïstes. À la mort de Lully, défenseur du style français, c'est en effet sous l'impulsion de Couperin, champion des « goûts réunis », que tous pétrissent suite française et sonate italienne pour les amalgamer, les accoler (Couperin : *Les Nations*) ou les opposer (Couperin : *Apothéoses de Lully* et *de Corelli*). Spécifiquement français, le « concert » — au sens de « se concerter » — est un genre à géométrie instrumentale variable : toujours jouable au clavecin (Jacquet de la Guerre, Le Roux, Couperin, Rameau), chacun et tous l'exécutent au gré des circonstances. En dépit de l'apostrophe « Sonate, que me veux-tu ? » de Fontenelle, qui trahit le désarroi des penseurs français devant une musique qui « ni ne peint, ni ne parle » (Diderot), Leclair (1697-1764), disciple des Italiens Somis et Locatelli, maniant un bilinguisme stylistique aisé, fera briller la sonate pour un ou deux dessus et basse, ou pour deux violons sans basse. Positions hautes, démanchés audacieux, doubles cordes et accords ne résistent pas à ce prestigieux violoniste, mais c'est Mondonville qui passe pour l'inventeur des « sons harmoniques ».

C) *Concertos, suites d'orchestre et symphonies.* — Aucune cour princière, aucune ville ne saurait se passer des « danceries », dont témoignent parmi d'autres les danses de *Terpsichore* collectées par Praetorius (1612). À ce répertoire international quasi anonyme et fonctionnel pour cordes et vents, les Italiens vont opposer une musique d'ensemble savante. Bien qu'il s'en tienne toujours aux vocables *sonata* ou *sinfonia* d'un G. Gabrieli, Stradella (1644-1682) imagine les jalons essentiels du *concerto grosso* naissant. L'année même de sa mort, Corelli prend la relève et, une fois encore, ce maître s'attachera à conférer une cohérence aux essais multiformes de ses devanciers. Il délimite précisément le *grosso* (ou *ripieno*) à quatre parties et le *concertino* de deux violons et un violoncelle solistes, les deux groupes pouvant dialoguer ou se rejoindre dans les *tutti.* Cependant, posthumes et nullement fixés dans un état de perfection, c'est abusivement que ses Concertos opus 6 (1714) ont passé pour un modèle intouchable. Dans certains mouvements corelliens, le premier violon tend à s'émanciper, mais c'est le Bolonais Torelli et le Vénitien Marcello — contemporains du génial luthier Antonio Stradivari — qui lancent le concerto de soliste tripartite (vif-lent-vif), fondé sur une opposition plus accusée des protagonistes, et dont Vivaldi (1678-1741) fera l'étendard de l'Italie triomphante. Maître de musique de l'Ospedale della Pietà, il compose pour ses orphelines-virtuoses des centaines de concertos pour violon, mais aussi pour violoncelle, hautbois, basson et tous instruments. La vitalité rythmique des allegros, les mystérieux bariolages ou élégiaques mélodies des adagios ont enthousiasmé ses contemporains, d'où la vogue sans précédent de *L'Estro armonico* (1712) — recueil transcrit par Bach — du baroquissime opus 4 intitulé *La Stravaganza,* ou des *Quatre Saisons* issues de l'opus 8. Ses *concerti a quattro, sinfonie* — aux côtés d'œuvres analogues d'A. Scarlatti, Albinoni et des ouvertures tripartites d'opéras — comptent parmi les sources de la future symphonie « galante » d'un Sammartini et de l'École de Mannheim.

Fi du concerto grosso ! Les Français préfèrent extraire de leurs tragédies lyriques et opéras-ballets les ouvertures « à la française », les danses et symphonies descriptives, qu'ils raboutent en suites symphoniques. Danseur et violoniste (comme Leclair après lui), Lully dirige d'une main de fer les Violons du roi et obtient de l'orchestre de l'Académie royale de musique une perfection vantée par tous les étrangers. Le génie du rythme et du timbre d'un Campra et d'un Rameau confère à leurs pages d'orchestre une saveur inégalable, qui pimente aussi le ballet *Les Eléments* de Rebel (1737), dont le chaos initial frappa tous les esprits. Musiques de circonstance, les *Symphonies pour les soupers du roi* de Lalande et autres *Fanfares* ou *Symphonies de chasse* de Mouret constituent l'autre apport typiquement français, avant qu'au milieu du XVIIIe siècle un Dauvergne dans ses *Concerts de simphonies,* un Boismortier dans ses *Sonates pour les violons* n'avouent un penchant pour le style italien. Mais c'est dès 1725 que le triomphe des concertos de Vivaldi au Concert spirituel parisien fit la nique aux Français. Boismortier et Aubert se risquèrent dans le genre... Leclair y triompha. L'irrésistible dynamisme des allegros de ses concertos aux tutti fortement structurés et aux soli étincelants, la veine si ample et flexible de ses inspirations mélodiques n'ont d'égal que chez Bach.

Purs insulaires ou Anglais d'adoption, les fils d'Albion n'ont pas sacrifié au concerto de soliste, mais Purcell a laissé un vaste répertoire de musiques de scène. Ouverture à la française, danses européennes, rehaussées de truculents *hornpipes* et *ayres* élégiaques s'entrelacent harmonieusement dans *Le Bel Marié, Le Nœud gordien dénoué* et autres *Bonduca.* Haendel, lui, l'emporte sur plusieurs fronts : musiques de plein air d'esthétique française avec la *Water Music* et la *Music for the Royal Fireworks* pour des ensembles de vents, assortis ou non de cordes, *Concerti grossi* op. 3 et 6 de style corellien, ou encore *Concerti a due cori.*

Mais, une fois de plus, Bach magnifiera le répertoire germanique (suites et concertos grossos de Muffat et Fischer) et européen en lui appliquant son « estampille de la virtuosité » (A. Basso). D'une difficulté alors hors du commun, ses six *Concerts pour divers instruments,* dédiés au margrave de Brandebourg, conjuguent le concerto (grosso et soliste) italien et le concert français (mais, ici, chaque formation est fixée par le compositeur) ; ses quatre *Ouvertures* — somptueuses suites d'orchestre mâtinées de concerto — perdent peut-être en mordant, en « chic », ce qu'elles gagnent en plénitude. De ses nombreux concertos, survivent principalement trois chefs-d'œuvre pour un ou deux violons. Si, dans la majeure partie de ses œuvres instrumentales — pour beaucoup composées à Cöthen dans les années 1720 —, Bach s'inscrit dans les préoccupations de son temps, il ignore avec superbe la naissance du style galant qui séduira si fort ses fils cadets et déjà son ami Telemann, inépuisablement fécond (fantaisies, sonates, quatuors, concertos, ouvertures, suites, musique de table). Dans sa « somme » testamentaire *(Variations Goldberg, Variations canoniques, Offrande musicale, Art de la fugue)*, Bach, au-delà de toute influence, se concentre sur la fugue, le canon et la variation. Il en ira de même avec Beethoven, Brahms et Schönberg dans leurs dernières années : c'est mieux qu'un hasard.

IV. — **L'ère classique**

Les Lumières françaises et l'*Aufklärung*, leur homologue germanique, « éclairent » l'Europe classique et se prolongent dans l'*Enlightenment* britannique, la *Luce* italienne, l'*Illuminismo* espagnol. L'*Encyclopédie* (1751) de Diderot et d'Alembert diffuse la somme du savoir et de la réflexion du temps, tandis que, par l'entremise de Baumgarten (*Aesthetica*, 1750), Diderot et Kant, se développe la critique d'art et l'esthétique, donc une perception plus subjective des « arts du beau ». Le style galant ou rococo tend vers le décoratif, la légèreté et l'intimité, et marque la victoire des salons sur les fastes de cour. Dans les années 1760, se font jour conjointement le néoclassicisme et le préromantisme, qui viennent parfois à s'épouser et qui revendiquent tous deux une nouvelle simplicité : noble simplicité à l'antique au service de la vertu et de la raison, ou simplicité « naturelle » des élans du cœur. En dépit de sa froideur emphatique et de sa connotation historique, le néoclassicisme sera — autant que le préromantisme tourné vers la Nature — le porte-parole des épopées révolutionnaires et du premier romantisme.

Évoquer ces courants de pensée, c'est mesurer le nouveau rapport des forces culturelles en Europe. Si l'Italie continue d'attirer les artistes de tous pays, elle cesse d'être le phare de la modernité et, victime d'une inexorable décadence, ne peut freiner l'exil de ses propres musiciens ; terre d'asile par vocation et plus que jamais centre culturel de l'Europe, la France, quant à elle, manque de compositeurs d'envergure à opposer aux nombreux et talentueux étrangers. C'est dans ce contexte que, démontrant les limites des Lumières, l'Allemagne du *Sturm und Drang* et l'Angleterre remettent en cause l'image d'une Europe méridionale et rationaliste au profit d'une Europe septentrionale et préromantique. Cela d'autant plus aisément que la dynastie des Hanovre règne en Angleterre et que Louis XVI est fils et époux de princesses allemandes. Dorénavant, toute l'Europe vibrera avec Ossian, le Celte, et souffrira avec Werther, le Germain.

1. **Du style galant au style classique.** — Date de la mort de Bach, 1750 correspond symboliquement à une nouvelle manière de sentir. C'est au milieu du siècle que le « style galant », décelable dès 1730 chez les Italiens Pergolèse et Sammartini, se propage, en se teintant de préromantisme, à Mannheim, Vienne, Paris, Londres et Madrid. En insufflant densité et cohérence à ces structures un peu grêles, à ces mélodies périodisées, déployées au-dessus d'une « basse d'Alberti » ou d'accords battus, Haydn et Mozart forgeront peu à peu le « style classique ». Le double enjeu du classicisme réside dans l'universalité et l'autonomie du *musical*. Animés de l'espoir qu'il existe *une* Vérité, propre à satisfaire le concert des nations, tous œuvrent dans le même sens. De ce point de vue, peut-être est-il abusif de parler de « classicisme viennois », mais la position géographique de l'Autriche la prédisposait de longue date à tenir le rôle de leader dans la quête d'un art universel. La fusion des styles paraît réalisable depuis la mise au jour de lois tonales qui semblent rendre inébranlable la notion d'un principe unique et « naturel » — la résonance du corps sonore — pour fonder et hiérarchiser toutes les fonctions de la musique. De la brève appoggiature à la grande dissonance qu'est le développement, toute tension tend vers sa résolution, selon un système d'attraction comparable à la gravitation newtonienne. En affirmant sa signification immanente, la musique commence d'échapper aux arts d'imitation et aux codes sémantiques si patiemment forgés. Aux côtés de la musique vocale, toujours florissante,

la musique instrumentale acquiert de ce fait, et pour la première fois de son histoire, un statut à part entière.

Paradigme du style classique, la *sonate* l'est devenue pour son exemplaire cohérence. Son équilibre architectural tripartite épouse le déroulement dramatique exposition-péripéties-dénouement, et à ce titre elle peut structurer tant les compositions vocales (à grande ou petite échelle) que des œuvres instrumentales de toute formation. Reposant sur un « bon tempérament », le couple thème-tonalité engendre la dialectique de l'exposition (deux groupes thématiques, l'un à la tonique, l'autre à la dominante, ou au ton relatif majeur si la sonate est en mineur) qui va s'exaspérant dans le développement et trouve sa résolution dans la réexposition (entièrement à la tonique), lieu de réconciliation et du retour à l'ordre. Action muette où s'affrontent des thèmes-héros, la sonate est une sorte d' « intrigue », inspirée de la rhétorique du récit, qui s'achemine vers une fin : l'accord parfait majeur.

2. **Musique instrumentale.** — Le succès de la musique instrumentale est désormais si vif, sa consommation si intense, que les éditeurs lancent des « Journaux périodiques » pour satisfaire l'appétit de leur clientèle. L'instrumentarium de la fin du XVIIIe siècle s'enrichit de spécimens susceptibles de nuances et d'expression intime, comme le forte-piano et la clarinette, ou voit la métamorphose d'instruments millénaires comme la harpe, mais il s'appauvrit en renonçant aux familles des violes, des luths, des flûtes à bec, et au clavecin. Soutien de toute musique depuis l'aube du XVIIe siècle, la basse continue disparaît peu à peu à partir des années 1770.

A) *Musique pour clavier.* — La musique pour orgue échappe à l'euphorie générale. Aux mains d'organistes de paroisse ou d'obscurs cantors, elle dépérit, prolongeant jusqu'à l'usure versets liturgiques, noëls variés ou préludes et fugues et se gardant de l'apport vivifiant de la sonate. Peu conciliable avec des fonctions liturgiques, cette dernière n'aurait-elle pas pu, parfois, servir d'alternative aux spectaculaires improvisations naturalistes destinées à faire briller de magnifiques instruments ?

La musique pour clavecin ou forte-piano — ce dernier restant seul en piste dès que sa mécanique, son étendue et son intensité sonore le permirent — se coule dans des « pièces », fantaisies, variations ou sonates (le plus souvent en trois mouvements). Liée à l'ancienne théorie de l'Imitation, la pièce à titre perdure en France, quitte à recouvrir sous la plume d'un M. Corrette et d'un Balbastre quelque allegro ou andante préclassique. Côté sonate, les Italiens Galuppi, Cimarosa et Cherubini s'en tiennent à la forme concise en un ou deux mouvements, volontiers cultivée aussi par J. Ch. Bach (1735-1782) à Londres. Contrairement aux idées reçues, le tempérament cyclothymique de C. Ph. E. Bach (1714-1788) se satisfait mal des structures équilibrées de la sonate ; ce pur représentant de l'*Empfindsamkeit* (sensibilité) trouve dans la fantaisie un véhicule plus approprié aux *Affektenlehre* qui animent toute son œuvre. Il apppartient sans doute au très international Clementi (1752-1832), facteur de pianos et éditeur à Londres, auteur de belles symphonies, et pédagogue éminent *(Gradus ad Parnassum),* de porter la sonate pour piano à un sommet. Beethoven ne s'y est pas trompé, qui sut admirer les textures denses, les oppositions de dynamique accusées et maintes figures prophétiquement idiomatiques dans la centaine de sonates de l'Italien décrié par Mozart. Importée en France par les Schobert, Hüllmandel, Edelmann, Adam, Ladurner et une multitude de musiciens venus de l'Est à la faveur des mariages princiers, la sonate française sera défendue avec talent par Méhul, H. Jadin et Boieldieu, sans parvenir à détrôner les morceaux brillants si prisés des salons bourgeois.

B) *Musique de chambre.* — Subdiviser la production instrumentale en catégories n'est pas aisé, ni même toujours pertinent, puisque maintes sonates pour piano se doublent d'un violon *ad libitum,* et nombre de trios et quatuors se muent en symphonies pour cordes par simple redoublement des parties (trios de J. Stamitz). De l'ancienne sonate baroque, le classicisme ne conserve qu'un des instruments de la basse (archet ou clavier) et meuble par un alto la partie médiane, autrefois « réalisée » par le clavecin. Il en résulte d'un côté le trio et le quatuor à cordes, de l'autre des duos et trios avec piano. Apte à prendre en charge la plénitude de l'harmonie à quatre parties, le quatuor accède à une sorte de royauté qui jettera bientôt le discrédit sur le trio à cordes. Lieu par excellence de la « musique pure », favorable aux expériences les plus avancées, la musique de chambre se pique aussi de rivaliser avec l'art de la conversation : c'est dire que tout l'esprit du XVIIIe siècle s'y réfugie. Les « amateurs » apprécient les *Quatuors ou conversations galantes et amusantes* d'un Guillemain et manifestent à l'égard des innombrables quatuors et quintettes de Boccherini et de Pleyel une prédilection méritée, surtout pour l'Italien.

C) *Musique symphonique et concertante.* — L'essor de la symphonie est lié au développement des concerts publics et privés, tels le *Concert spirituel* et le *Concert des Amateurs* à Paris ou les *Bach-Abels Concerts* à Londres ; et l'on sait le rôle décisif joué par l'électeur palatin Karl Theodor à Mannheim et par le fermier général La Pouplinière à Paris (qui, précisément, invite l'orchestre de Mannheim). La conquête orchestrale réside dans l'augmentation et l'émancipation des parties, mais le prétendu « orchestre classique » avec tous les vents par deux n'est que rarement sollicité, car les compositeurs sont tributaires des ressources locales. Comme celles de chambre, les partitions d'orchestre hésitent entre trois ou quatre mouvements et adoptent pour la plupart des tons majeurs. Une partition comme la symphonie en *sol* mineur op. 6 de J. Ch. Bach tranche d'autant mieux, mais, pour sonner en majeur, les quatre symphonies hambourgeoises (1776) de C. Ph. E. Bach n'en communiquent pas moins toute la fièvre du *Sturm und Drang.* Mannheim se prévaut de J. Stamitz (1717-1757), Richter, Cannabich, Holzbauer, tous violonistes d'origine tchèque ou morave ; Vienne de Wagenseil, Dittersdorf ; Paris de Dauvergne, Le Duc, disparu trop jeune, et Gossec (1734-1829) ; quant à Boccherini, il illumine de toute la vivacité de son inspiration la triste cour de Madrid, en particulier dans ses six Symphonies de 1782.

Le concerto et la symphonie concertante « incarnent » idéalement cette métaphore d'opéra qu'est la forme sonate, et leur préexposition d'orchestre, aux multiples personnages thématiques, permet de théâtraliser l'entrée des solistes-héros. Avant Mozart, le concerto pour clavecin ou forte-piano est presque l'apanage de la lignée des Bach, et ce fut l'un des titres de gloire de Jean Chrétien à Londres. Paris laisse plutôt la vedette aux cordes ou aux vents. La découverte que Mozart y fit des œuvres de Gaviniès, Saint-George, Devienne ou Viotti lui inspira ses propres symphonies concertantes.

D) *Haydn (1732-1809).* — Formé à Vienne, il entre au service des princes Esterházy, et jusqu'en 1790 se partagera entre Eisenstadt et Esterháza, s'occupant tout ensemble de la chambre, de la chapelle et de l'opéra. Après deux longs séjours en Angleterre où il fut fêté comme le nouveau Haendel, il terminera son existence à Vienne entouré de la considération générale. Haydn a touché à tous les genres avec un esprit inépuisablement inventif. 62 sonates pour piano, 45 éblouissants trios avec piano, d'autres avec baryton (instrument à cordes) laissent néanmoins la première place aux 68 quatuors à cordes, lieu privilégié de ses expériences les plus novatrices. L'Opus 33 de 1781 passe pour la charte du classicisme, qui provoquera en retour les « six quatuors dédiés à Haydn » de Mozart, et le genre sollicite ses dernières pensées créatrices. Haydn excelle à développer une œuvre entière à partir de quelques cellules (Quatuor « les quintes »), d'où sa prédilection pour un bithématisme *tonal* plus que motivique dans une forme sonate, et pour la variation, voire double variation (à deux motifs complémentaires alternés). Ses quelque cent symphonies illustrent successivement l'esprit concertant *(Le Matin, Le Midi, Le Soir)* et l'inquiétude *Sturm und Drang* (symphonies en mineur des années 1770) avant d'atteindre à la maîtrise absolue, intégrant ton populaire et surprise facétieuse dans les symphonies

« parisiennes » et « londoniennes ». Pour la deuxième série des « londoniennes », Haydn a recours à l'orchestre classique au complet (requis par Mozart uniquement dans la « Parisienne » et « Haffner »).

E) *Mozart (1756-1791).* — Éduqué avec sagacité par son père Leopold, tôt confronté à une vie itinérante à travers l'Europe (France, Angleterre, Mannheim, l'Italie à trois reprises), il s'imprègne sur place des particularismes nationaux. D'abord au service du prince-archevêque Colloredo à Salzbourg, il tente, à partir de 1781, de conquérir Vienne par la seule puissance de son génie. Assez peu sollicité par le piano-forte soliste (variations, quelques fantaisies préromantiques, une vingtaine de sonates), il magnifie l'instrument dans 22 concertos — la plupart écrits à Vienne pour ses propres concerts — dans lesquels la tendresse, le *cantabile* pianistique, le dramatisme profond (*ré* mineur K. 466) inhérent au genre le disputent au brio et à une subtile répartition des vents, en tant que solistes secondaires (*ut* mineur K. 491). Ses 23 quatuors, sa soixantaine de symphonies (et non 41 en dépit de la numérotation ; les trois dernières, de 1788) rivalisent d'ingéniosité avec Haydn, mais l'émotion palpitante, la fêlure intérieure du Quintette et de la Symphonie en *sol* mineur lui sont propres, de même que son goût pour le quintette à cordes, par cinq fois porté aux cîmes à Vienne, ou pour le timbre de la clarinette, exalté dans un trio, un quintette et un concerto. Marque austro-allemande, la solidité du finale trouve son apothéose dans celui de la *Symphonie Jupiter,* qui combine une structure de sonate aux multiples développements, un contrepoint dynamique et la verve de l'opera buffa. Ce finale personnifie l'idéal mozartien, consécutif à sa découverte d'œuvres de Bach chez le baron van Swieten et à la composition de *L'Enlèvement au sérail* (1782), et fournit un radieux exemple du style classique à son stade le plus accompli.

L'apport de Haydn et Mozart fécondera à parts égales l'art de Beethoven, mais, réputées plus accessible, les œuvres de l'aîné figurent plus vite dans les concerts européens, et serviront de référence aussi bien à son élève Pleyel qu'à un Méhul pour ses symphonies. Plus impénétrable parce que transparente, la pensée du cadet illuminera plus tardivement mais plus durablement le XIXe siècle.

3. **Musique vocale.**

A) *Musique d'Église.* — Attaquée par les francs-maçons, par les philosophes qui proclament l'avènement des « lumières » de l'homme, puis par les acteurs de la Révolution française, l'Eglise de Rome connaît des moments difficiles ; elle doit dissoudre l'ordre des Jésuites, soldats du pape, et accepter bien des compromis. Mais comme il n'est pas de société sans maintien du sacré et du rite, chacun se rend aux offices comme par le passé. On préfère toutefois y entendre une musique plaisante : « On se moque de mon optimisme lorsque je dis que la musique d'église, à laquelle je dois aller si souvent, m'enchante. Mais c'est que cela est vrai. (...) Le seul mal à tout cela, c'est que lorsque Haydn, Mozart, etc., me ravissent dans un cantique, j'ai une distraction, d'autant plus aisément que je n'ai jamais su dire mon chapelet et que j'ai oublié mes prières », confesse le prince de Ligne. Et Haydn d'affirmer : « Puisque Dieu m'a donné un cœur joyeux, il me pardonnera de l'avoir servi joyeusement. »

En France, Paris prend sa revanche sur la Cour. Le réel talent de Giroust, dernier maître de la Chapelle versaillaise, auteur de 90 grands motets et de la Messe du sacre de Louis XVI, ne pourra endiguer ce glissement significatif. C'est le parisien et magistral *Requiem* (1760) de Gossec, puis son *Te Deum* qui « créent l'événement ». Pour capter l'attention de leur auditoire, Mondonville, Gossec, Rigel lancent l'hiérodrame, ou oratorio en français, qui trouve son pendant dans les rituels maçonniques, tels *Le Déluge* de Giroust. De son côté, Le Sueur tente à Notre-Dame un renouveau dans la « messe-oratorio » en latin pour Noël, Pâques ou autres fêtes. Suivie de la fermeture des quelque 450 maîtrises, la Révolution bouleverse les conditions sociales, mais des fêtes religieuses aux fêtes civiques il n'y a qu'un pas, vite franchi. On emprunte d'abord aux anciens

Te Deum et *De profundis* avant de s'aviser que « la musique doit avoir des moustaches » (Méhul) pour éveiller les sentiments patriotiques et véhiculer une forte idéologie. Des hymnes simples et puissants, soutenus en plein air par des orchestres de vents, seront d'efficaces outils de propagande. À charge pour des milliers de chansons de commenter le quotidien...

Rien de tel outre-monts ni outre-Rhin. Avec une vibrante sensibilité un peu théâtrale, ne répugnant pas à l'aria virtuose, les compositeurs italiens continuent de souffrir avec la Vierge des sept douleurs (*Stabat Mater* de Boccherini) et d'implorer la paix pour les morts (Requiems de Cimarosa). Un Salieri, un Paisiello composent quantité de messes, motets et oratorios, au point que Bonaparte s'attirera le second pour diriger la Chapelle consulaire. La Germanie catholique se prévaut, à Salzbourg, d'Eberlin et de Michel Haydn, tous deux admirés de Mozart qui, lui-même, compose pour Salzbourg la majorité de ses limpides messes brèves et enjouées en *ut* majeur, et cycles de Litanies et Vêpres plus contrastées. Vienne aura la primeur de la Messe en *ut* mineur et du *Requiem,* ses deux chefs-d'œuvre inachevés. Haydn offre aux Esterházy une gerbe magnifique de partitions religieuses (son *Stabat* a fait le tour de l'Europe) jusqu'aux six grandes messes symphoniques pour la princesse (1796-1802). De retour d'Angleterre, tout imprégné des oratorios de Haendel, il met en chantier deux oratorios allemands, *La Création* et *Les Saisons,* grandiose point final à la production du musicien le plus célèbre de son temps. Modernes par leur conception symphonique, les compositions sacrées de Haydn et Mozart empruntent à Haendel et à l'ancien style fugué dès qu'il s'agit de prier avec gravité : aveu implicite de la difficulté des styles galant et classique à exprimer les oraisons millénaires.

Luthériens, les fils de Bach étaient-ils plus aptes à reprendre le flambeau sacré ? Ce n'est pas sûr. Jean Chrétien, le benjamin, s'empressa de se convertir au catholicisme et, à l'inverse, C. Ph. Emanuel se montra peut-être exagérément digne de l'héritage paternel et de la succession de son parrain Telemann au poste de directeur de la musique à Hambourg en accumulant cantates sacrées, vingt passions et des oratorios *(Les Israélites au désert)*.

B) *Musique profane et opéra.* — Propices au préromantisme ambiant, les salons favorisent une musique de l'intimité. Les Français s'y délectent de menues « cantatilles » et de tendres romances strophiques, très Greuze ou Marie-Antoinette à Trianon. En Autriche-Allemagne, la poésie renaissante et le forte-piano trouvent à fusionner dans les lieder de C. Ph. E. Bach, Reichardt, Zumsteeg ou Zelter. D'après Klopstock, les lieder de Gluck sont l'une de ses rares contributions à la musique allemande. Quant à Haydn et Mozart, ils veillent à distinguer le nouveau genre, empreint de douceur, d'une cantate dramatique (telle l'*Arianna a Naxos* de Haydn) et de leurs airs de concert : le lied *Abendempfindung* (1787) de Mozart distille déjà toute la *Sehnsucht* (nostalgie) romantique.

Les célèbres querelles relatives à l'opéra eurent Paris pour théâtre. Entre la première, exclusivement « latine », et la seconde, plus européenne, se situe l'entrée des Austro-Allemands dans la lice internationale. En 1752, la Querelle des Bouffons, consécutive aux représentations parisiennes de *La Serva padrona,* met donc aux prises les tenants de l'Italie qui vantent la plasticité de sa langue, la vivacité de sa musique (Rousseau, les Encyclopédistes) et les défenseurs de la noble déclamation française (Rameau et ses pairs). Un quart de siècle plus tard, la Querelle des gluckistes et des piccinnistes — opposant cette fois-ci deux étrangers, auteurs de tragédies lyriques en français — portera sur les rapports du verbe et du son : *prima la musica, dopo le parole,* ou l'inverse ? De cette éternelle question, Salieri tirera le sujet d'un opéra, et encore Strauss dans *Capriccio.* De fait, l'attrayant mirage d'universalité des classiques (dénoncé par l'Allemand Herder dès les années 1770) se complique dès qu'il s'agit de musique vocale assujettie à de multiples langues. Pour beaucoup, l'*esperanto* musical semble néanmoins l'italien ; mais voilà que les Italiens eux-mêmes brouillent les cartes en composant des opéras français pour Paris (Piccinni, Salieri, Sacchini, Cherubini, Spontini, etc.), et que les Allemands leur emboîtent le pas (J. Ch. Bach, *Amadis des Gaules,* Gluck, six tragédies françaises)... C'est à y perdre son latin ! Seul Mozart, à Paris en 1778 au plus fort de la seconde querelle, se gardera de s'en mêler, sur l'injonction de son père Leopold et par mépris pour les goûts français.

Rien ne pouvant concurrencer la scène aux yeux des Italiens, tous les compositeurs ultramontains se consacrent à l'opéra. Toujours tributaire de l'aria da capo de type métastasien, l'opera seria s'essouffle à l'unisson de ses héros gouvernés par le destin, les princes et les dieux. L'ère est bien plutôt à l'opera buffa et au dramma giocoso : comédies de situations, reflets de l'éveil de la conscience bourgeoise et « mise en crise » des problèmes sociaux, dans un rythme dramatique presto digne de Marivaux, Beaumarchais ou Goldoni. D'où la faveur des recitativos seccos, des ensembles et des finales menés rondement. Du *Philosophe de campagne* de Galuppi au *Mariage secret* de Cimarosa, au *Barbier de Séville* de Paisiello, au *Falstaff* de Salieri, les succès ne se comptent plus. Paradoxalement, muselant leur verve naturelle, beaucoup d'Italiens ont donc composé de sérieuses tragédies pour Paris, les plus renommées étant *Iphigénie en Tauride* de Piccinni, *Œdipe à Colone* de Sacchini, *Les Danaïdes* de Salieri. En collaboration avec Beaumarchais, soucieux de tempérer une musique toujours trop envahissante à son gré, *Tarare* de Salieri se veut un modèle des nouvelles aspirations dramatico-lyriques. Après la Révolution, ce sera dans le cadre de l'opéra-comique (en comédie, donc à dialogues parlés) que Cherubini coulera sa tragique *Médée* (1797).

Dans la foulée de la Querelle des Bouffons paraissent en France des œuvres délicieusement légères, et décisives pour l'évolution des goûts et des idées. En dépit de son aversion pour la langue française, Rousseau produit son charmant *Devin du village,* unanimement célébré jusqu'à l'ère romantique (si Rameau a vu juste, Rousseau a vu loin...). Plus étincelants, *Les Troqueurs* et *La Coquette trompée* de Dauvergne, disciple de Rameau, démontrent l'aptitude française au registre frivole. L'opéra-comique résultera de la fusion de ces opéras miniatures et des vaudevilles des foires. D'une main habile, les librettistes Favart, Sedaine et Marmontel jettent la pincée de levain qui fera gonfler la pâte croustillante du *Sorcier* et de *Tom Jones* de Philidor, *La Fée Urgèle* de Duni, *Zémire et Azor* de Grétry, pionnier du style « troubadour » avec *Aucassin et Nicolette* et *Richard Cœur de Lion* (1784), et premier musicien à publier de substantiels *Mémoires ou Essai sur la musique* (1789). Après la Révolution, la loi établissant la liberté des théâtres, l'abolition (momentanée) de la censure et des monopoles suscite une reprise fébrile des activités et nous vaut, parmi une pléiade d'œuvres, les deux préromantiques *Paul et Virginie* de Kreutzer et Le Sueur, et les plus engagés *Stratonice* et *Horatius Coclès* de Méhul, ou *Lodoïska* de Cherubini.

Pendant ce temps, l'Autriche-Allemagne braque un œil sur chaque sœur latine : après Zeno puis Métastase, la cour impériale continue de s'entourer d'un librettiste italien (Da Ponte, Bertati) et d'un compositeur italien (Salieri, Cimarosa) ; mais, avec ses dialogues parlés, le jeune singspiel de J. A. Hiller, Dittersdorf et Holzbauer prend modèle sur l'opéra-comique français. La germanité s'affiche plus fermement vers 1778 quand Joseph II ouvre à Vienne un théâtre national allemand. Selon l'impératrice Marie Thérèse, c'est à Esterháza que se donnaient les meilleurs opéras, montés et dirigés par l'infatigable Haydn. Lui-même a réservé à ce lieu ses quelques singspiels (en partie perdus) et onze de ses douze opéras italiens qui évoluent du *buffa* au *dramma eroicomico* (*Orlando paladino*), *eroico* (*Armida*) au *dramma per musica* (*Orfeo ed Euridice*, pour Londres). Un superbe maniement des voix et de l'orchestre ne fait cependant pas de Haydn un rival de Gluck et de Mozart, faute d'un enjeu aussi ambitieux. Modeste, lui-même le proclamait.

C) *Gluck.* — Figure exemplaire du classicisme et de sa prétention à l'universalité, mais aussi de la sensibilité préromantique, Gluck (1714-1787) se pose en Européen et en sage : « J'envisage de produire une musique propre à toutes les Nations » ; il importe donc « que toute chose ait de l'unité et de la simplicité ». Cet Allemand se forme en

Italie, séjourne en Angleterre, s'implante à Vienne où il rénove l'opéra italien avec *Orfeo* (1762), *Alceste,* puis gagne la France de Louis XVI et Marie-Antoinette où il accède à la plus haute renommée avec une version française de ses deux chefs-d'œuvre viennois, ainsi qu'avec *Iphigénie en Aulide, Armide* et *Iphigénie en Tauride,* ses nouvelles tragédies en musique françaises. En accord avec son librettiste et maître à penser Calzabigi, Gluck s'est expliqué dès la fin des années 1760 sur la teneur de sa réforme. Resserrement de l'action épurée des intrigues secondaires, ouverture annonciatrice du drame, enchaînement continu du recitativo accompagnato et de sobres arias, intégration des chœurs et du « ballet d'action » dans la dramaturgie globale, traitement inventif de l'orchestre (encore vanté par Berlioz) sont les composantes de cette tragédie néoclassique « morale et sublime » qui sonne le glas de la tragédie lyrique baroque fondée sur le « merveilleux ». Imbu de Progrès, de Raison et de Vérité (comme autrefois Lully, son modèle), Gluck prédisait à propos de son *Alceste* : « Il n'y a point de temps pour elle ; j'affirme qu'elle plaira également dans deux cents ans (...). J'en ai posé tous les fondements sur la Nature. » En dépit de certaines contradictions et insuffisances, un démiurge animé d'aussi fortes convictions ne pouvait que remuer les passions et, à la longue, emporter l'adhésion. Rousseau lui-même rend les armes, et de sa lointaine thébaïde Voltaire a le temps avant de mourir d'espérer que « Louis XVI et Gluck vont créer un nouveau Siècle ». À ce dramaturge-musicien efficace, épris de simplicité, répond un musicien-dramaturge génial, épris de subtilité : Mozart.

D) *Mozart.* — L'opéra est l'amour et le souci constant de Mozart. La quête de bons livrets l'occupe à tout instant ; livrets en italien, langue de sa mère nourricière, l'Italie, ou en allemand, pour participer à la création d'un opéra national. Au fil de plus de vingt ouvrages, Mozart, autant que Gluck, se donne pour objet d'approcher au plus près la vérité humaine, mais par d'autres moyens. Musicien avant tout, il estime que la poésie doit être « la fille obéissante de la musique » ; il taille « comme un habit sur mesure » les airs de ses interprètes, tisse avec un art souverain des « ensembles » en libre polymélodie par superposition d'apartés, mène prestissimo les rebondissements de ses « finales » d'actes, architecturés selon les lois tonales qui gèrent la sonate, et veille à résoudre les tensions du finale ultime dans la tonalité même de l'ouverture (composée en dernier). Depuis *Idoménée* (1781), Mozart s'est probablement identifié à ses librettos, qui tous délivrent un message à la fois personnel et universel. Opera seria soulevé de chœurs véhéments, *Idoménée* parle des rapports sacrificiels d'un fils face à un père souverain mais indigne de son pouvoir, *L'Enlèvement au sérail* (singspiel), de la conquête de la liberté, *Les Noces de Figaro* (opera buffa), d'égalité des classes sociales, *Don Giovanni* (dramma giocoso), d'insatisfaction et de quête perpétuelle, de liberté individuelle et collective, de la pluralité de l'être, et aussi du meurtre de la figure paternelle, l'année même où disparaît Leopold Mozart, *Così fan tutte* (opera buffa), des intermittences du cœur, de « la confusion des sentiments » (ces trois derniers opéras avec Da Ponte), *La Flûte enchantée* (singspiel), de fraternité et d'accomplissement au terme d'un parcours initiatique. Dans cette dernière œuvre plurielle, où se croisent comédie et philosophie, lieder populaires et chœurs religieux, se noue et se dénoue aussi un destin musical : virtuosissime colorature à l'italienne, la fascinante Reine de la Nuit se révèle une mauvaise mère qu'il importe de rejeter ; sobre basse à l'allemande, le grave Sarastro représente le « vrai » père, celui qui indique la route étroite, la seule digne d'être parcourue. Mozart meurt avant de pouvoir sillonner cette nouvelle voie germanique. Implanté à Vienne pour « recevoir des mains de Haydn l'esprit de Mozart », Beethoven accomplira cette mission à sa place.

4. **Beethoven (1770-1827).** — À la charnière de deux siècles et de deux mentalités, Beethoven est le « repère ». Né à Bonn, tôt initié au *Clavier bien tempéré,* il s'installe à Vienne et y parachève ses études auprès d'Albrechtsberger. Représentant de l'idéologie progressiste de la bourgeoisie consciente des nouveaux enjeux

sociaux introduits par la Révolution française, il est, par ses dates, par ses idées, par son œuvre, *le* musicien qui prend en charge le passage de la pensée classique au romantisme. Aussi l'apport du compositeur des neuf symphonies, de *Fidelio* et de la *Missa Solemnis* dépasse-t-il le seul domaine artistique : son génie humanitaire égale son génie musical, et le colossal travail de ce défricheur de terres vierges fut toujours au service de l'Idée. Beethoven, le solitaire, le sourd, assailli par la *malinconia,* tendit de toute sa volonté vers un avenir meilleur, et avec Goethe et tous les fils de l'*Aufklärung,* il témoigna que « nous appartenons à la race qui de l'obscurité s'efforce vers la lumière ». C'est pourquoi, si plusieurs de ses 32 sonates et de ses 17 quatuors malmènent l'ordre classique, accidentent le parcours (deux mouvements pour la Sonate op. 111, sept enchaînés pour le Quatuor en *ut* dièse op. 131), la résolution classique ne fait jamais défaut, et peut prendre les dimensions du finale de la Ve Symphonie ou de l'*Hymne à la joie* de la IXe. Aux « trois manières » établies par W. von Lenz, Liszt opposa avec perspicacité deux attitudes beethovéniennes, indépendantes de toute chronologie : les phases intégratives et les phases prospectives. Au fil de ses recherches, Beethoven tresse un réseau de relations entre le matériau générateur et l'architecture globale *(Sonate Appassionata),* incorpore l'introduction dans la structure d'ensemble *(Sonate Pathétique),* favorise les scherzos véloces, les immenses adagios méditatifs souvent placés en troisième position et les finales hypertrophiés (*Sonate Hammerklavier,* IXe Symphonie). Il façonne laborieusement des thèmes qui ne révéleront leurs exceptionnelles potentialités qu'au cours d'une complexe *Durchführung* (développement), étend les relations tonales à la médiante, submédiante, au IIe degré abaissé. À la sonate, il intègre la fugue, la variation amplificatrice, le récitatif, et fait du trille une « vibration cosmique ». Dans le souvenir des musiques de la Révolution, il enrichit et spatialise son réservoir de timbres, ajoute un troisième cor (IIIe Symphonie) puis un quatrième (IXe), trois trombones, piccolo, contrebasson (V^{e}) et malaxe les masses sonores. Il tente, enfin, une nouvelle définition du temps musical, maniant avec maîtrise les dialectiques tempo/rythme, long/bref, actif/statique.

Également élève de Salieri, Beethoven n'ignore rien du chant italien, mais il penche résolument pour un art vocal national en langue allemande (en quoi il est ici romantique). Le cycle *An die ferne Geliebte* (1816) par sa poétique, l'enchaînement de ses six lieder, leur parcours tonal et le retour motivique final, engage tout le romantisme. Singspiel aux multiples avatars, *Fidelio* (1805-1814) défend les valeurs morales de l'*Aufklärung* tout en bafouant maintes conventions théâtrales du siècle précédent. Il en ira de même de la *Missa Solemnis* (1823), ample hymne panthéiste en marge du culte comme du concert, dont Beethoven broie en fresquiste les couleurs et pétrit en sculpteur les blocs vocaux et instrumentaux.

La force et l'audace de la pensée de Beethoven sont telles que tous les romantiques ont vu en lui le messager des temps nouveaux. À leurs risques et périls, ils éprouvèrent le besoin de se mesurer à l'aune de ce père écrasant.

V. — **L'ère romantique**

« Le Romantisme, c'est la liberté », proclama Hugo. Entendons par là que le romantisme est un état d'esprit, une mentalité jeune, audacieuse, conquérante, mais que, incernable par des dates et d'une irréductible diversité, ce n'est pas vraiment *une* époque et moins encore *un* style — c'est pourtant une réalité, puisque les romantiques se sont définis tels. Au-delà de leur mode particulier d'expression, une fraternité d'âme unit poètes, peintres et musiciens qui rassemblent leurs forces pour capter et communiquer des vérités supérieures dont le rationalisme de l'Europe des Lumières n'a pu fournir les clés. Leur mission passe par l'*ego* pour rejoindre l'universel : « C'est au-dedans de soi qu'il faut regarder le dehors » (Hugo). Le « moi » individuel se projette dans le « moi » collectif du nationalisme. L'Allemagne de Herder et Fichte met tout en œuvre pour forger son unité ; l'Italie n'a de cesse de bouter l'Autrichien hors de ses frontières ; la Belgique se sépare de la Hollande ; les Grecs meurent pour échapper au joug turc ; les Hongrois obtiennent le dualisme, et tous combattent pour leur identité culturelle. Portée à l'héroïsme, l'âme romantique s'étiole dans l'inaction, et la révolution de 1848 exprime ce mal-être général. Pour oublier le quotidien, les romantiques s'évadent dans l' « ailleurs » : ailleurs dans l'espace (le voyage, l'exotisme), ailleurs dans le temps (l'histoire). La Nature est leur refuge, leur complice, le chemin privilégié vers l'Infini, l'Absolu. Le romantisme métaphysique a trouvé sa terre d'élection dans l'Allemagne de Friedrich, Novalis, Hölderlin et Schumann ; le romantisme imaginatif dans la France de Delacroix, Hugo et Berlioz.

Le musicien change de statut social. Le voilà libre. En contrepartie, il doit lutter pour son existence et pour propager son art. Il est professeur, concertiste, chef d'orchestre ou critique. Cultivé, il dévore Sophocle, Shakespeare, Goethe et Byron, et se fait écrivain à son tour pour se « dire ». L'art qu'il défend change aussi de statut. Dans la pyramide des arts, la musique gagne la première place, car on glorifie ce qu'on lui reprochait hier comme une tare : son imprécision sémantique. « La langue musicale est infinie, elle contient tout, elle peut tout exprimer » estime Balzac ; et les penseurs allemands haussent la « musique pure » au rang de philosophie suprême. À défaut de l'être dans la vie, le créateur est héroïque dans son art. Comme compositeur, il n'est d'audace qui le fasse reculer, et il brandit sa « différence » dans des polonaises ou rhapsodies hongroises ; comme interprète, il participe avec feu aux duels instrumentaux qu'il gagne à la pointe de ses dix doigts. Qu'on ne s'y trompe pas, derrière l'exploit de salon, c'est à la virtuosité *transcendante,* au sens spirituel, qu'il aspire.

1. **Romantisme et style.** — Le Romantisme tend vers la singularité progressive des nations, des créateurs, des œuvres et du langage. Il remet en question les règles et leur nécessité même. Mais, paradoxalement, il entretient une nostalgie pour le passé et ses modèles, et cette ambiguïté

explique le maintien déconcertant des schèmes classiques, la remise à l'honneur de la polyphonie a cappella, de la fugue et du choral. Le principe de « gravitation » de l'ordre tonal classique se voit compromis par l'appel romantique du « voyage ». Le retour n'est plus même obligatoire pour le *Wanderer* qui élargit son champ d'action à tout un jeu d'équivalences des tons relatifs (Chopin : *Fantaisie,* IIe *Scherzo*) et tons voisins (Chopin : IIe *Ballade* en *fa* M.-*la* m.). Si les opéras de Weber concluent encore dans le ton de l'ouverture, les drames de Wagner ne sauraient revenir à leur point de départ (sauf si la signification l'exige, comme dans les *Meistersinger*). À la problématique classique de *fermeture* s'oppose donc celle romantique d'*ouverture.* Au demeurant, la perfection, l'absolue cohérence ne sont plus des critères aussi pertinents, car, en musique comme en littérature, le romantisme privilégie l'Instant fulgurant impossible à gouverner — selon une poétique du fragment et de l'esquisse — ou s'échine au Grand Œuvre rarement maîtrisé et achevé. Versant complémentaire de son impétueuse jeunesse, l'incurable nostalgie du romantisme explique l'inflation des armures chargées, des tons mineurs, qui peuvent bifurquer vers une apothéose en majeur (Liszt, Franck) ou poursuivre jusqu'au terme leur parcours dépressif (Brahms) : une vision plus désabusée de l'individu et du monde a supplanté la philosophie vitaliste du XVIIIe siècle...

2. **Musique instrumentale.** — Pour un Berlioz pressé d'ajouter à l'orchestre cornet à piston, cor anglais, harpe ou ophicléide et de théoriser l'usage des instruments (*Traité d'orchestration,* 1843), la plupart des compositeurs se suffisent encore longtemps de la palette sonore beethovénienne. En revanche, chaque famille instrumentale bénéficie d'incessantes améliorations. La recherche de puissance va de pair avec les conditions acoustiques des grandes salles et les exigences d'un nouveau public qui paie sa place et en veut pour son argent. Mais cette nouvelle société bourgeoise manifeste sa soif d'apprendre et pas uniquement de se divertir, et c'est à son intention que fleurissent d'innombrables méthodes et études pour piano

(Clementi, Cramer, Hummel, Czerny, Moscheles, etc.), violon (Baillot, Spohr) et tous instruments.

La question centrale de la musique instrumentale réside dans la structure, car le vacillement des anciennes hiérarchies fragilise la communication avec l'auditeur. Pour recréer du sens, les romantiques élaborent des « stratégies narratives » explicites (poèmes symphoniques) ou implicites et fondées sur la métamorphose thématique. En marge des cycles d' « instants » ou d'aphorismes plus ciselés, la sonate gouverne encore la majorité des œuvres de chambre et d'orchestre, et, au piano, elle se fait plus ambitieuse à mesure qu'elle devient plus rare. Le compositeur peut bouleverser l'ordre et le parcours tonal des mouvements pour exacerber leur signification (Alkan), les enchaîner en les apparentant (Schubert : *Wanderer-Fantaisie,* Schumann : IVe Symphonie), les concentrer en un seul (Liszt : Sonate en *si* mineur, poèmes symphoniques). Peu soucieux d'instaurer systématiquement un climat de tension, il peut situer le second groupe thématique dans une zone de sous-dominante. Dans ces structures plus relâchées, où le rôle sémantique du réseau tonal n'est plus fiable, les thèmes — plus longs, plus mélodiques — deviennent les éléments les plus repérables, les agents de cohérence par excellence, d'où la nécessité des « thèmes cycliques » et de leurs avatars. Entre la petite et la grande forme, prend place le « morceau » — bagatelle, impromptu, ballade, scherzo, fantaisie, nocturne —, typique du romantisme et libre de toute référence au passé. Fondé sur l'alternance des climats, il s'exalte souvent jusqu'à une vaste coda, apogée décentré de l'œuvre.

A) *Les violonistes.* — Naguère, la plupart des compositeurs étaient des virtuoses du violon. Quoique Haydn, Mozart et Schubert aient encore manié habilement les cordes, les pianistes-compositeurs l'emporteront au XIXe siècle. Après la haute figure de Tartini, Viotti, soliste adulé et chef d'orchestre, engage toute l'école romantique franco-belge de Baillot, Rode et Kreutzer, professeurs au Conservatoire de Paris, Bériot et Vieuxtemps. Si Spohr porte haut les couleurs du violon en Allemagne, les concertos les plus célèbres du siècle sont ceux de Beethoven, Mendelssohn et Brahms. Mais c'est l'Italien Paganini (1782-1840) qui incarna dans l'imaginaire romantique la virtuosité transcendante quasi diabolique (scordatura, sons harmoniques doubles, prodigieuse technique d'archet) et provoqua par ses concertos et *Capricci* les réponses pianistiques de toute la « fratrie 1810 ».

B) *Berlioz et ses contemporains français.* — Les « feux et tonnerre » du bouillant Hector, la présence à Paris de Chopin, Liszt et de nombreux virtuoses (Kalkbrenner, Thalberg, etc.) masquent l'action de contemporains plus discrets. Si la musique instrumentale n'a représenté qu'une étape dans la carrière de Méhul, Boieldieu ou Herold, elle est l'objet de toute l'attention d'Onslow (1784-1853), auteur de nombreux quatuors et quintettes et de quatre symphonies contemporaines de celles de Berlioz, comme de Boëly (1785-1858), précoce adepte de Beethoven dans ses œuvres de piano et de chambre, grand organiste, défenseur de l'œuvre de Bach et pionnier du piano-pédalier. Prestigieux pianiste à la personnalité étrange, Alkan (1813-1888) érige, de l'esquisse à la fresque, une œuvre difficile et originale dont certains titres dévoilent les postulats imaginatifs. En fait d'imagination, Berlioz (1803-1869) porte haut les couleurs françaises. Pourtant c'est en vibrant à l'art étranger qu'il découvre sa voie. Il s'exalte à la lecture de Shakespeare et Goethe, à l'écoute des opéras de Gluck et Weber, des symphonies de Beethoven (aux *Concerts du Conservatoire* dirigés par Habeneck à partir de 1828), et identifie imprudemment son Hariett à Juliette ou Ophélie. Ce passionné pouvait dire avec Hugo : « Je marchais tout vivant dans mon rêve étoilé », quitte à subir de durs réveils. Le Prix de Rome, des créations fracassantes, une plume acérée de critique et mémorialiste ne lui assurèrent qu'une position instable qu'il tenta de consolider en Allemagne, Angleterre et Russie. Ses quatre symphonies narratives — *Symphonie fantastique, Harold en Italie, Roméo et Juliette* (avec voix solistes et chœurs), *Symphonie funèbre et triomphale* — marquent de leur esprit « Jeune-France » la décennie 1830-1840. Dans chacune, un thème conducteur (« idée fixe » de la *Fantastique*), des récitatifs instrumentaux, une marche et des fugatos animent une structure globale jamais identique. Leur si inventive et incomparable orchestration rend justice, par le résultat acoustique, à toutes les singularités formelles et harmoniques. Mieux que quiconque, Berlioz a défini les qualités dominantes de sa musique : « Expression passionnée, ardeur intérieure, entraînement rythmique, imprévu, verve irrésistible, fougue réglée, sensibilité rêveuse ». Saint-Saëns, d'Indy, Chabrier, Dukas, Schmitt, Ravel, les Russes, et déjà Liszt et Wagner sauront tirer un fécond parti des idées prophétiques de leur aîné ; Franck y restera plus étranger.

C) *Schubert et les Austro-Allemands.* — Il y aurait matière à valoriser l'apport instrumental de Hummel (1778-1837), disciple élu de Mozart, pianiste et improvisateur hors de pair, et fervent du piano *cantabile* ; de Weber (1786-1826), pianiste, guitariste, chef d'orchestre, auteur de sonates et pièces brillantes pour piano, de concertos mettant en valeur la fluidité et la vocalité du piano ou de la clarinette, et de deux symphonies non dépourvues de qualités ; de Moscheles (1794-1870), d'origine tchèque, disciple de Beethoven et Clementi, admiré de Chopin et Schumann, auteur d'études d'une rare musicalité ; de Spohr (1784-1859), éminent violoniste, signataire d'un vaste répertoire de chambre et d'orchestre, dont une *Symphonie historique en quatre styles différents,* révélatrice des hantises romantiques ; de Cramer, F. Hiller, St. Heller et de beaucoup d'autres étiquetés trop hâtivement « petits maîtres ». Des compositeurs de la première École viennoise, Schubert (1797-1828) est le seul natif de Vienne. Il manifeste des dons très précoces, accumule dans une très courte vie une œuvre abondante (alors, peu éditée et peu jouée), et assume une existence marginale, vouée à l'amitié plus qu'à l'amour et à la gloire : d'où le fraternel « quatre mains » et l'absence de concerto. Sachons aussi comprendre les nombreux inachèvements de sonates et symphonies alors qu'impromptus, moments musicaux, ländler, valses, marches et tous *Klavierstücke* de petite ou moyenne dimension jaillissent inépuisablement : la présence vénérée de Beethoven, si proche et si inaccessible, perturba plus d'une fois la genèse des « grandes œuvres ». En vérité, une autre logique préside au cheminement musical schubertien, plus impondérable, erratique, contemplatif, guidé par la réitération de mélodies ensorcelantes traversé de zones fantastiques et de chavirantes modulations ou oscillations majeur/mineur (dernières sonates en *la* M. et *si* b M., derniers quatuors en *ré* m. et *sol* M., quintette en *ut* M.). Une atmosphère de mélancolie sans révolte, déchirante mais fataliste, exprimée pudiquement dans un tempo andante, marquera durablement le « style viennois ». Cependant, une volonté farouche, un travail serré peuvent gouverner des œuvres aussi affirmées que la *Wanderer-Fantaisie* et la *Grande Symphonie en ut,* tant admirées de Schumann.

D) *Mendelssohn et Schumann.* — D'avoir monté à vingt ans la *Passion selon saint Matthieu* de Bach à Berlin, d'avoir dirigé de main de maître l'orchestre du Gewandhaus de Leipzig (1835) et fondé le Conservatoire de cette ville (1843) ne sont pas les seuls titres de gloire de Mendelssohn (1809-1847). En élevant l'Allemagne musicale au niveau de l'Autriche, l'adulte a réalisé les promesses de l'enfant surdoué, façonné par Zelter (« héritier » de Bach), admiré de Weber et chéri de Goethe. Des voyages en Italie, France et Angleterre — sa seconde patrie — ont parachevé cette éducation exceptionnelle. La trame arachnéenne des scherzos, la maîtrise des timbres de l'orchestre sont les signes distinctifs de son style, manifestes dès l'Octuor et l'Ouverture du *Songe d'une nuit d'été,* chefs-d'œuvre insurpassés de jeunesse. Malgré le charme de ses *Lieder ohne Worte,* les beautés de ses *Variations sérieuses,* trios avec piano, quatuor en *fa* m., de sa *Symphonie Écossaise,* Mendelssohn jugeait sans indulgence sa production, dont il laissa une bonne moitié non publiée (derniers quatuors, symphonies *Réformation* et *Italienne,* etc.). Unis dans une commune vénération pour Bach et Beethoven, Mendelssohn et Schumann nouérent à Leipzig une amitié étroite, assortie chez le second d'une admiration pour les dons et le « romantisme classique » du premier.

Musicien-poète, Schumann (1810-1856) reporte dans ses « cycles » pianistiques — *Papillons, Carnaval, Davidsbündlertänze, Phantasiestücke, Kreisleriana* — la prose versatile de Jean-Paul et les visions fantastiques de Hoffmann. Parallèlement, il fonde la *Neue Zeitschrift für Musik,* revue où ses « doubles », Florestan le passionné et Eusebius le contemplatif (*cf.* le *Carnaval*), expriment leurs opinions en toute liberté. Les mots clés de cet univers fragmenté mais si subtilement cohérent sont *Humor, Phantasie, Stück* (morceau), scène, conte, bal, carnaval, enfance, *Stimme aus der Ferne* (voix des lointains), *innig* (intime) ou, à l'inverse, *sehr rasch, schneller* (très animé, plus vite). « Accidenteur d'harmonie » (M. Beaufils), Schumann l'est également du rythme, et ce dérapage continuel peut faire vaciller la mélodie, élément le plus régulier de cet univers labile. La fragilité psychique de Schumann, doublée d'un besoin de stabilité et de modèles, le désir de complaire à Clara Wieck et de se mesurer à Mendelssohn, le pousseront dans la voie de la sonate et de la fugue. Après son mariage (1840), la prise de possession successive de l'orchestre (4 symphonies, concertos, ouvertures) et de la musique de chambre (quatuors à cordes, quintette, quatuor et trios avec piano, puis groupements plus morcelés et *inouïs*) marquent autant d'étapes initiatiques d'une quête bouleversante de l'Unité et de la Totalité. Mais jamais plus Schumann ne pourra renouer avec l'équilibre miraculeux, entre incandescence et rêverie stellaire, de la *Fantaisie* op. 17 (1836). À la veille de la désintégration psychique, les *Chants de l'aube* (1853) révéleront une autre forme de génie visionnaire.

Mendelssohn ne saurait s'envisager sans sa sœur Fanny et Schumann sans sa femme Clara, deux remarquables pianistes et compositrices. En France s'affirment Louise Farrenc, Pauline Viardot et Augusta Holmès.

E) *Chopin et Liszt.* — À la seule force du talent, chacun s'est acquis le statut de héraut national et de compositeur international. La double ascendance de Chopin (1810-1849) se projette sur sa brève existence partagée en deux parties égales entre la Pologne et la France, où il retrouve d'autres émigrés, dont le poète Mickiewicz. Présenté au Tout-Paris artistique, il ne s'intéresse guère à son entourage, joue rarement hors des salons amis, mais consacre un temps précieux en leçons de piano très prisées. Grâce à l'affection protectrice de George Sand et de ses intimes, il put façonner dans le calme l'un des plus purs temples de l'art du piano. Très tôt maître de ses moyens, Chopin sut allier — dans une concision et une sobriété classiques — une imagination harmonique et rythmique sans limite et un incomparable *cantabile* pianistique (concertos, nocturnes) dont seul Proust sut parler en l'égalant. Sans nier l'influence de Hummel, Field ou Bellini, seuls Bach et Mozart l'ont marqué durablement en lui offrant une leçon de style. Selon Gide : « Schumann est un poète, Chopin un artiste, ce qui est tout différent ». Ses 24 Études (1828-1836) constituent toujours la charte de l'art du piano et trouvent dans les 24 Préludes leur pendant plus visionnaire. Le style épique des ballades et scherzos a conduit Chopin à repenser l'équilibre des structures bithématiques, qu'il dompta par ailleurs dans trois sonates. Les véhémentes polonaises, les brèves mazurkas, « canons sous des fleurs » aux joyaux harmoniques, le haussent au rang de barde national. Son ascendant sur Liszt, Fauré, Debussy, Ohana, les Slaves ne saurait tromper sur la place exceptionnelle de cette œuvre réduite et pratiquement dédiée au seul piano.

Né Hongrois, formé en Autriche et en France, pétri de culture italienne et allemande, Liszt (1813-1886) se veut, au-delà des clivages nationaux, un Européen et un conciliateur. L'homme est tout de dualité — « tzigane et franciscain » — et de métamorphoses. Ses « trois vies » successives dessinent pourtant « une ligne très une », celle d'un Destin conduit en toute lucidité. Seule, sa vie de « roi des pianistes » fut applaudie aux quatre coins du monde. La retraite à Weimar (1848-1861), années capitales où il se bat pour la musique contemporaine, forge son œuvre symphonique et l'admirable *Sonate en si mineur,* stupéfie le monde, qui raille plus encore la troisième étape « trifurquée » entre Rome, Weimar et Budapest, et consacrée à la musique d'église. Prophétiques mais dévitalisées, les ultimes pièces pour piano trahissent la déréliction du génie incompris lançant son « javelot dans les espaces indéfinis de l'avenir ». L'art si neuf de Liszt procède pourtant de « l'admiration créatrice », et l'écoute de Paganini l'amène à forger le concept de « virtuosité transcendante ». Ses *Années de pèlerinage* confient l'émotion provoquée par la nature, un tableau ou la lecture de Dante ; les *Légendes* de saint François d'Assise et de saint François de Paule, les *Harmonies poétiques et religieuses* élèvent le piano au rang de médium privilégié du recueillement. C'est à Weimar que Liszt concrétisa l'idée du poème symphonique : non pas alliance des arts à la manière de Wagner, puisque la seule musique prend en charge le signifiant des mythes de *Faust, Prométhée, Orphée,* des thèmes philosophiques de *Ce qu'on entend sur la montagne, La Bataille des Huns,* mais « correspondance » au sens baudelairien. Le poème symphonique se déroule au gré de la nécessité intérieure, structuré par les métamorphoses de thèmes-héros et thèmes-idées. Les forces du Bien et du Mal s'y affrontent sauvagement jusqu'à ce que les zébrures de gammes tziganes, chromatismes exacerbés et tritons méphistophéliques s'estompent dans la lumière du diatonisme ou de quelque mélodie de choral, excepté dans le mélancolique *Hamlet.* « Ne laissons personne être comparé à Liszt, ni comme pianiste, ni comme compositeur, et moins encore comme homme, car Liszt est plus que tout cela. Liszt est une idée » (Anton Rubinstein).

F) *Brahms et Bruckner.* — Tard venu dans la course inexorable de l'évolution musicale, Brahms (1833-1897) a souffert de ne pas vivre la même tranche créatrice que Beethoven, et rien ne pourra suturer cette déchirure fondatrice de sa personnalité. En maître le plus expert de sa génération, doué d'une force spirituelle peu commune, il profitera de cette position pour embrasser le passé d'un large *Rückblick* et *accomplir* la théorie tonale à la veille de sa désintégration. Les circonstances implanteront à Vienne, où il se laissera séduire par la valse et la douceur ambiante, ce natif de Hambourg, rêveur impénitent, imprégné de sagas nordiques et, lui aussi, lecteur passionné de Jean-Paul et de Hoffmann. Quoique fort cultivé, il ne croit guère à la fusion des arts, et manifeste la même réserve que Chopin envers titres ou programmes. De là à en faire l'ennemi de la « musique de l'avenir » de Liszt et Wagner, il n'y avait qu'un pas... Leur héritier à tous, Schönberg rétablira la vérité dans son article « Brahms le progressiste ». Paradoxalement, le jeune homme impétueux aborde le piano par le biais de la sonate, avant l'étape magistrale des variations, puis celle des *Klavierstücke,* fougueux ou introvertis. La musique de chambre, de la sonate au sextuor, court sur toute la vie de cet intime de Clara Schumann et du violoniste Joachim, et forme le massif le plus incontournable depuis celle de Beethoven. Brahms aborde tard et non sans réticence l'univers symphonique (4 symphonies, 4 concertos, ouvertures) ; dans la pure tradition allemande, il opte pour des constructions complexes et une orchestration compacte et cuivrée. Quel que soit le genre choisi, il met la barre au plus haut : tendresse mélodique, mouvance rythmique, couleurs populaires modales, ton légendaire, fiévreux emportements n'en sont que plus irrésistibles.

Les dernières des neuf symphonies de Bruckner (1824-1896) sont contemporaines de celles de Brahms. Dévotion pour Schubert, sens architectural, habileté contrapuntique, volonté d'étendre le champ thématique, dilection pour l'esprit du choral et pour l'alternance des rythmes binaires et ternaires, et bien d'autres points encore rapprochent Bruckner de Brahms, mais, admirateur de Wagner, l'Autrichien corsa ses parties de cuivres (8 cors dans la monumentale VIIIe Symphonie de 1887), s'enivra au chromatisme de *Tristan,* dédia au futur maître de Bayreuth sa IIIe Symphonie et transforma l'Adagio de la VIIe en un hommage funèbre. Cela suffit pour qu'on se plût à l'opposer irréductiblement à Brahms...

G) *Les éveils nationaux.* — Si les Tchèques Zelenka, Stamitz, Dussek, Moscheles ou Reicha s'étaient peu ou prou fondus au monde germanique, Smetana (1824-1884) dans son cycle symphonique *Ma Patrie* et Dvořák (1841-1904) dans ses *Danses slaves,* son *Ouverture hussite* eurent à cœur de proclamer une renaissance nationale, même si l'aîné se réfère toujours à Beethoven, et le cadet à Brahms. L'abondante musique de chambre et symphonique de Dvořák témoigne du destin inédit de ce Praguois fêté à Londres et à New York *(Symphonie du Nouveau Monde, Quatuor américain).* Auteur d'une *Kamarinskaïa,* le Russe Glinka (1804-1857) servit de trait d'union entre l'Occident qu'il parcourut en tous sens et la jeune génération. Représenté par les frères Rubinstein, directeurs des conservatoires de Moscou et de Saint-Petersbourg, le courant officiel occidentalisé s'annexe Tchaïkovski (1840-1893), « slavissime » par la sensibilité, mais inféodé à la tradition allemande dans ses trois quatuors à cordes et ses six symphonies, et française dans ses ballets *(Casse-Noisette).* Plus marginaux, admirateurs de Berlioz, Chopin et Liszt, les « Cinq » s'abreuvent à la source inépuisable des légendes et chansons, russes et orientales, et des cantiques orthodoxes. Leur musique résonne de cloches, cortèges, combats, ballets et fêtes ; épique et narrative, elle se feuillette comme un livre d'images fabuleux, colorée d'une harmonie hardie et d'une éblouissante orchestration : ainsi *Tamara* de Balakirev (1836-1910), *Une Nuit sur le Mont-chauve* de Moussorgski (1839-1881), *Dans les steppes de l'Asie centrale* de Borodine (1833-1887), *Antar, Shéhérazade, La Grande Pâque russe* de Rimski-Korsakov (1844-1908), sans oublier les quatuors et symphonies épiques de Borodine, ni *Islamey* et les *Tableaux d'une exposition,* poèmes pianistiques de Balakirev et de Moussorgski. Défricheur impénitent de terres vierges, le génial Moussorgski ne suivra pas Rimski dans sa volonté de devenir un savant théoricien et orchestrateur. De leur côté, les Scandinaves ne restent pas inactifs : Berwald le Suédois d'abord, puis Gade, le Danois, ami de Mendelssohn et Schumann à Leipzig, auteur de huit symphonies, et qui participa à la formation de Grieg (1843-1907), le Norvégien, dont les pièces et le Concerto pour piano, la musique de scène pour *Peer Gynt* ont vite pris rang dans le répertoire international.

3. **Musique vocale.** — Pétris de littérature, les compositeurs romantiques ont montré un véritable génie prospectif dans l'alliance du verbe et du son, de la poésie et de la musique. Les anciennes catégories ne suffisent plus à rendre compte de leur foisonnante production vocale, de tous les hybrides parathéâtraux ou parareligieux que sont *La Damnation de Faust* de Berlioz, les *Scènes de Faust* de Schumann (Goethe), son *Manfred* (Byron) et ses oratorios profanes, *Lazarus* de Schubert, la *Rhapsodie* pour contralto, chœur et orchestre de Brahms et autres œuvres inclassables. Éclatés, les genres de surcroît se recoupent : l'opéra intègre scènes religieuses et chansons, le lied se fait prière ou narration épique, et les romans de Walter Scott inspirent aussi bien l'*Ave Maria* de Schubert que les opéras de Rossini, Bellini, Donizetti, Marschner, Boieldieu ou Bizet. Tout est dans tout... et une tentative de synthèse ne peut être que cruellement réductrice.

A) *Le lied.* — Le lied (vocable très ancien) « romantique » procède d'une prise de conscience nationale. Les *Stimmen der Völker* de Herder, le *Knaben Wunderhorn* d'Arnim et Brentano font resurgir les racines populaires germaniques : volontiers strophique, le *Kunstlied* (artistique) n'oubliera jamais entièrement le *Volkslied.* Symbole de l'intimité, de l'amitié (comme le « quatre mains » pianistique), le lied est le lieu du monologue intérieur, mais aussi du dialogue, du monde à deux : le poète et le musicien, le chanteur et le pianiste. Sur cette ambivalence du « un » et du « deux » reposera l'émotion du lied schumannien. Généralement pessimiste, le lied chante l'amour malheureux, l'errance, la solitude, la mort, dans le cadre d'une Nature amie ou fantastique.

« Le musicien le plus poète qui fut jamais » d'après Liszt, spontanément mélodiste, Schubert élève le lied au rang des genres majeurs, et reprendra certains de ses quelque 600 lieder en guise de thèmes instrumentaux. Adolescent, il écrème les ballades de Schiller et de Goethe *(Erlkönig, Prometheus),* son *Faust* (obsessionnel *Gretchen am Spinnrade,* virginal *Der König in Thule*), et les poèmes de ses propres amis. 1823 voit l'entrée dans son jardin secret du tendre Müller, inspirateur de ses deux cycles déchirants, *Die schöne Müllerin* (1823), *Die Winterreise* (1827). L'année de sa mort, Schubert découvre le troublant Heine qu'il traduit en visionnaire *(Der Doppelgänger)*. Premier sommet d'émotion et d'idéale transposition poétique, le lied schubertien hantera tous ses successeurs. Schumann aborde le genre en artiste mûr, érudit, et rien dans son univers de subtilité n'est laissé aux engouements passagers. Sur quelque 240 lieder, la moitié a jailli en 1840, et les deux admirables cycles — *Dichterliebe* (Heine), *Frauenliebe und -Leben* (Chamisso) — travaillés en miniaturiste, ne lui ont demandé qu'une poignée de jours : miracle du « cercle des fragments » (Barthes), où chaque parallélisme ou disjonction du chant et du piano, chaque enchaînement harmonique, décalage rythmique, silence et, *bien entendu,* chaque postlude pianistique est saturé de sens : espoir palpitant, fêlure, ironie douce-amère, « débrayage cosmique » (Beaufils). D'environ 250 lieder pour chacun, la production de Brahms (1833-1897) et de Wolf (1860-1903) présente des divergences remarquables. Elle s'étend sur toute la vie de l'aîné qui privilégie des poèmes mineurs pour mieux traiter son lied en musique « pure », veillant à la richesse motivique et pianistique, à la fermeté des constructions tout en affirmant un idéal de simplicité quasi populaire ; elle se concentre sur quelques années seulement pour le cadet, « habité » par la grande poésie. Fanatique de Wagner, Wolf traduit les moindres nuances du poème, quitte à tendre vers une sophistication extrême. Brahms attache son nom à deux cycles à tous égards exceptionnels : les quinze romances de *Die schöne Magelone,* son ersatz d'opéra chevaleresque, et les tardifs *Vier ernste Gesänge,* méditation spirituelle d'un luthérien porté à la théologie ; Wolf unit le sien à des « gerbes » d'après Goethe *(Prometheus, Anakreons Grab),* Mörike et Eichendorff.

Weber, Loewe, Mendelssohn, Liszt *(Die Lorelei, Im Rhein)* sont à compter dans l'histoire du lied. La plupart écrivent aussi des mélodrames pour voix parlée et piano ou orchestre, et tous des multitudes de duos, quatuors et chœurs vocaux, a cappella ou accompagnés. De la moisson de mélodies scandinaves et russes, on retiendra au moins les cycles moussorgskiens, trois absolus chefs-d'œuvre : *Les Enfantines,* au babil pointu, *Sans soleil,* d'une mélancolie rentrée, et les plus amples et dramatiques *Chants et Danses de la mort.*

B) *Weber, Wagner et l'opéra allemand.* — « Savez-vous quelle est ma prière du matin et du soir ? L'opéra allemand. » Tous les compositeurs germaniques auraient pu signer cette confidence de Schumann. Affirmer leur identité nationale, la musicalité de leur langue, tout en damant le pion à Spontini et Rossini, tel est l'objectif commun, y compris de Schubert, plus talentueux dans ce domaine *(Fierabras, Alfonso und Estrella)* qu'on ne l'a prétendu, de Hoffmann *(Undine),* Spohr *(Faust, Jessonda),* Marschner *(Der Vampyr, Hans Heiling),* Schumann *(Genoveva),* Nicolai *(Les Joyeuses Commères de Windsor),* Lortzing, et même de Wolf *(Der Corregidor),* sans exclure Mendelssohn, cantonné dans des musiques de scène, ni Brahms qui y songe, non plus que J. Strauss fils, le « roi de la valse », fêté dans toute l'Europe et maître incontesté de l'opérette viennoise *(La Chauve-Souris).* L'année 1821 a été unanimement ressentie comme l'avènement du romantisme musical, avec la création à Berlin du *Freischütz* de Weber, « le plus allemand des opéras » selon Wagner. Ouverture à programme, orchestre mystérieux ou rutilant, chœurs de chasseurs, naïve imagerie populaire, pacte avec le diable, scène fantastique de la « Gorge-aux-Loups » à minuit sont les composantes de ce singspiel au destin historique. Mais, chef d'orchestre et directeur de l'Opéra allemand de Dresde, Weber donne de surcroît ses lettres de noblesse à l'opéra héroïque et romantique entièrement chanté, avec sa médiévale *Euryanthe,* dont Schumann et Wagner sauront se souvenir, pour terminer avec le féerique et chevaleresque singspiel qu'est l'inimitable *Obéron.*

Le *Gesamtkunstwerk* (œuvre d'art totale), idéal vers quoi tendait Weber, sera réalisé par Wagner (1813-1883), son successeur à Dresde, qui se reconnaît aussi comme devanciers Gluck et Beethoven. Ce créateur hors du commun, toujours assimilé à une invincible volonté de puissance, avoue cependant : « Des vraies joies de la vie, je ne connais rien (...), il a fallu que le cœur me remonte au cerveau (...), l'artiste en moi a absorbé tout l'homme (...). Quand le présent ne nous offre plus rien, par l'œuvre d'art nous créons : "je voudrais". » L'art fut donc et resta une sublimation pour celui que Louis II désignait pourtant comme « l'homme-Dieu qui ne saurait pécher ni faillir », et qui, après des débuts difficiles, ne comptera plus ses inconditionnels. Parmi ceux-ci, Liszt, infatigable soutien et pourvoyeur d'idées musicales, et Nietzsche qui se muera en « rénégat » quand Wagner se laissera prendre au piège de sa propre grandeur. Glorifiée lors de la représentation de la *Tétralogie* pour l'inauguration du *Festspielhaus* de Bayreuth en 1876, l' « œuvre d'art totale » résulte d'une double trajectoire — littéraire autant que musicale — d'une implacable cohérence. Les essais polémiques permettent à Wagner d'affûter ses vues de réformateur *(L'Art et la Révolution, L'Œuvre d'art de l'avenir, Opéra et Drame)*. Ses poèmes d'opéras ne sont pas moins importants qui, « principe mâle », fécondent la « musique-femme », laquelle enfante le « drame » dont la finalité est le message. Mais à partir de *Tristan,* achevé en 1859 sous l'influence de Schopenhaueur, Wagner infléchira cet équilibre en faveur de la musique. La fameuse « mélodie continue » ne désigne pas seulement la puissante déclamation, exempte de fioritures italianisantes, mais aussi le grand fleuve orchestral charriant tous les thèmes et accomplissant l' « analyse structurale des mythes » (Lévi-Strauss) narrés par le poème. Pour Wagner, le « sens profond et universel » des mythes permet « d'atteindre à l'essence même de l'univers, but suprême de l'art », et convient idéalement à la musique, symbolique par essence. Ces sujets légendaires ou mythiques sont portés, poèmes et musique, dans une immense gestation commune, du *Vaisseau fantôme, Tannhäuser* et *Lohengrin* (1840-1849) jusqu'à *Parsifal* (1882). Menée sur un quart de siècle, la *Tétralogie* en donne la magistrale démonstration. Notons la forme close d'anneau *(Ring)* pour ce mythe du monde né de l'eau et retournant à l'eau, mais tonalement et thématiquement ouverte en préfiguration d'un avenir possible ; notons sa macrostructure en un prologue *(L'Or du Rhin)* et trois journées *(Walkyrie, Siegfried, Crépuscule des dieux)*, répercutée sur la découpe du *Crépuscule* en un prologue et trois actes ; percevons le réseau de leitmotive, issus d'un *Urthema* (thème générateur) qui se ramifie, se sédimente à mesure que se tisse cette immense saga. Facteur essentiel de cohérence, le leitmotiv (ou *Grundthema*) a double valeur structurelle et sémantique. Malléables, raboutables, superposables, les leitmotive assument à la fois la narrativité du drame et son organisation, mais aussi la strate sous-jacente du souvenir, de la prémonition et des pulsions enfouies ; ils gèrent donc l'ordonnance et l'intelligence du « temps-espace » (évoqué dans *Parsifal*). Seul drame conçu pour Bayreuth — spartiate théâtre à l'antique —, *Parsifal* montre avec quel moelleux les cuivres se fondent aux cordes et bois au sortir de « l'abîme mystique » de la fosse. Nietzsche a violemment attaqué la confusion spirituelle de cette « Solennité sacrée » initiatique qui, musicalement, atteint au sublime et résume tout l'art wagnérien en opposant le diatonisme de la quête du Graal au chromatisme des ténèbres morales et de la souffrance. Le diatonisme se déployait déjà dans l'hymne au « saint art allemand » que sont les *Maîtres chanteurs de Nuremberg,* délibérément cernés par un vigoureux *ut* majeur, et propices aux genres anciens du *Bar* (AAB) des Minnesänger, de la fugue et du choral luthérien ; le chromatisme était l'essence même de *Tristan et Isolde,* hymne à l'amour tendu vers l'Éternité, donc tissé de tensions harmoniques, de chromatismes non résolus jusqu'à la mort libératrice. Loin de conduire à une prétendue atonalité, le chromatisme du « désir » convergeait de toutes ses forces vers une résolution, sans cesse repoussée. Plier les moyens musicaux au Symbole, tout en se haussant au rang des plus grands compositeurs de tous les temps, voilà ce qu'ambitionnait Wagner, voilà ce qu'il a réussi.

C) *Verdi et l'opéra italien.* — Fort de son riche passé, l'opéra italien jouit longtemps encore des faveurs internationales. Exemple type de ce métissage, Spontini

(1774-1851) triompha successivement en Italie, en France avec *La Vestale* et *Fernand Cortez,* puis à Berlin comme directeur de la musique avec *Agnes von Hohenstaufen.* Quoique fin connaisseur de Mozart et insolemment doué, Rossini (1792-1868) se contenta d'être le successeur de Pergolèse, Cimarosa et Paisiello. *Seria* ou *buffa,* ses chefs-d'œuvre italiens — *Tancredi, Il Barbiere di Siviglia, Cenerentola, Mosè, Semiramide* — l'amèneront finalement à Paris en 1823. Comme Gluck, il remanie alors certaines œuvres, en compose de nouvelles en français, et termine précocement sa fulgurante carrière par *Guillaume Tell* (1829), « grand opéra français ». L'idolâtrie dont il fut l'objet dépasse l'imagination. Stendhal, son biographe, et Balzac le portent aux nues, on le joue dans le monde entier, et, malgré qu'ils en aient, les Austro-Allemands eux-mêmes subissent son ascendant. On conviendra que la perfection de son *bel canto,* la vivacité de son orchestre et du fameux « crescendo » dynamique-rythmique-timbrique sont irrésistibles. Prolixe jusqu'à la déraison, Donizetti (1797-1848) illustre tour à tour le *buffa (Don Pasquale)* et la tragédie *(Anna Bolena),* alors que le génie mélancolique de Bellini (1801-1835) le porte vers le drame. Par son sujet antique, *Norma* tisse le lien entre l'opéra post gluckien de Cherubini et Spontini et le drame romantique qui « doit faire pleurer, gémir, mourir le public par le chant » (Bellini). Ce lointain héritier de Monteverdi n'est pas loin d'avoir renoué avec la magie orphique ; et la plasticité, la pureté sans équivalent de son *canto spianato* ont fait rendre les armes à Wagner lui-même. Miracle d'émotion qui l'emporte ô combien sur les faiblesses orchestrales et harmoniques. La folie d'Elvira, dans *I Puritani,* comme celle de *Lucia di Lammermoor* de Donizetti, sa contemporaine, justifie l'ivresse *insensée* du chant, qui se repaît de ses propres vertiges.

Verdi (1813-1901) est à l'Italie ce que Wagner est à l'Allemagne : la figure de proue. Figure vite reconnue qui, après les « années de galère », reçut commande de Paris *(Vêpres siciliennes, Don Carlos),* de Saint-Pétersbourg *(La Forza del destino),* du Caire *(Aïda),* mais personnalité artistique moins écrasante que celle de son jumeau allemand, et qui serait moins novatrice, s'il n'y avait *in fine* l'époustouflant *Falstaff.* Aux légendes, Verdi préfère le *melodramma* historique, aux ramifications de l'inconscient, les « situations » politiques et amoureuses exacerbées. Son sens aigu de la scène le pousse aux contrastes des superpositions solo/chœur, premier plan / arrière-plan, paroxysme dramatique / chant religieux désincarné. Au long de 26 opéras, pour plusieurs inspirés de Shakespeare, Schiller et Hugo, Verdi n'a cessé de progresser. L'orchestre se diversifie et s'affine *(Otello)* ; les rythmes à trois temps et le binôme cantabile-cabalette se raréfient pour ne plus intervenir qu'à bon escient, comme décor et âme du drame *(La Traviata)* ; les « ensembles » rivalisent d'habileté avec ceux de Mozart (quatuor de *Rigoletto*) ; le *bel canto* se mue en *canto drammatico,* gagne les tessitures graves de baryton et de basse *(Simon Boccanegra, Don Carlos),* les voix se brisent sous l'empire des passions humaines (*Macbeth, Il Trovatore,* suffocations d'*Otello* terrassé par la jalousie) ou s'épurent jusqu'à la transparence (« chanson du saule » et *Ave Maria* de Desdémone), et les drames extérieurs, le patriotisme passent alors au second plan (*Aïda* par rapport à *Nabucco*). « Verdi a aimé et pleuré pour toute l'humanité », dira D'Annunzio ; l'œuvre entier se termine pourtant par un éclat de rire en *ut* majeur pulvérisant tous les stéréotypes, par une apologie de la mobilité vocale et orchestrale ouvrant la voie aux « conversations en musique » du XXe siècle, par un nouvel idéal méditerranéen capable de rivaliser avec le *Musikdrama* wagnérien, par *Falstaff* enfin. L'ancien chantre du *Risorgimento* tient tête ici à un autre envahisseur germanique. Telle était la mission de Verdi.

D) *L'opéra français.* — Raillé par Verdi, l'Opéra de Paris, « la grande boutique », reste l'objet de la convoitise générale, sans oublier l'Opéra-Comique et le Théâtre-Italien (dirigé par Rossini durant ses années parisiennes). Aiguillonnés par la concurrence étrangère et l'appétance du Tout-Paris qui ne goûte rien tant que les spectacles lyriques, les Français produisent avec ardeur et réussissent dans les genres de semi-caractère. Il faudrait redécouvrir le préromantique *Ossian ou Les Bardes* (1804) et *La Mort d'Adam* de Le Sueur, le biblique *Joseph* (1807) de Méhul, unanimement loué, *Jean de Paris* et *La Dame blanche* (1825) qui illustrent si joliment la devise du charmant Boieldieu (« Restons chevaliers français »), *Zampa* et *Le Pré-aux-clercs* d'Herold. À l'aise dans le genre aimable de *Fra Diavolo,* Auber est aussi l'initiateur du « grand opéra romantique français » avec *La Muette de Portici* (1828), bientôt suivi par Halévy *(La Juive)* et beaucoup d'autres, dont Adam, l'auteur de *Giselle* (1841), archétype et chef-d'œuvre du ballet romantique. Si la décennie 1820 fut, en France, l'ère rossinienne, la suivante vit le triomphe de Meyerbeer (1791-1864), Allemand italianisé, successeur de Spontini à Berlin. Par son sujet, *Robert le diable* (1831) fit date dans le romantisme français ; *Les Huguenots* montrent à l'évidence un habile maniement de l'orchestre, du tendre solo de viole d'amour aux éclats de la « Bénédiction des poignards » ; quant au *Prophète,* Delacroix comme Schumann l'ont considéré comme la mort de l'art...

Que pouvait espérer le fougueux Berlioz, fervent de Gluck, Mozart et Weber, dans « le Paris de Scribe et Meyerbeer, le Paris du veau d'or et de l'art-industrie » (Wagner) ? La prise d'assaut de l'Opéra avec *Benvenuto Cellini* (1838), foisonnant et haut en couleurs, se solda par un échec retentissant qui lui ferma à jamais ses portes (mais, remontée par Liszt en 1852 à Weimar, l'œuvre ne fut pas sans répercussion sur les *Meistersinger* wagnériens). Viendront alors des « hybrides » de compensation avec la Symphonie dramatique *Roméo et Juliette,* la Légende dramatique *La Damnation de Faust* (1828-1846). Hétéroclite, sulfureuse, fantastique, pittoresque, virginale et passionnée, cette *Damnation* dessine des personnages très caractérisés : Faust par une texture fuguée ou une continuité discursive d'intellectuel, Méphisto par le triton maléfique et le trombone, Marguerite par l'alto ou le cor anglais (instruments du souvenir, selon Berlioz) et des formes simples en rondo ou strophique. L'*Énéide* de Virgile inspira ensuite à l'Hector français ses nobles et « shakespeariens » *Troyens* (1858), amputés de la moitié pour leur création au Théâtre-Lyrique, mais qui n'en sont pas moins l'unique pendant latin à la germanique *Tétralogie* wagnérienne. Et Berlioz termina une carrière gravement entravée par l'incompréhension ambiante, par *Béatrice et Bénédict,* opéra-comique d'après Shakespeare, réponse subtile, ravissante et volontairement désuète à l'avancée foudroyante de Wagner dans *Tristan.*

Peu attiré par le théâtre, Gounod (1818-1893) y accomplira, paradoxalement, une enviable carrière. Auteur de la délicate *Mireille,* il osa reprendre les sujets berlioziens de *Faust* (1859) et de *Roméo et Juliette* : bien lui en prit puisque, tendre et raffiné, le second se situe au meilleur de son inspiration et que le premier, donné dans le monde entier, est devenu le symbole universel de l'opéra, à travers la Castafiore dans *Tintin.* Roi de l'opérette aux Bouffes-Parisiens, Offenbach est l'autre compositeur officiel du Second Empire. Il eut l'art de faire s'esclaffer la société de ses propres travers dans *La Vie parisienne* ou *La Belle Hélène,* suivis des *Contes d'Hoffmann,* tardive incursion dans l'onirisme romantique. Pianiste et compositeur prodige, excellent orchestrateur, Bizet (1838-1875) avait tout pour accéder aux cimes, et la confrontation posthume avec Wagner n'est pas qu'une boutade de la part de Nietzsche, sincèrement épris de cet art méditerranéen. Mais tant de facilités l'ont détourné de l'exigence. *La Jolie Fille de Perth* conduira néanmoins à la douloureuse et fructueuse mutation de *Djamileh,* de *L'Arlésienne,* puis de *Carmen* (1875), acte de naissance et chef-d'œuvre de l'opéra réaliste (si tant est que la musique le soit jamais...). Comme Mozart et Berg, Bizet inclut chaque phase du déroulement dramatique de la nouvelle de Mérimée dans une ferme structure musicale (rondo du « Trio des cartes », etc.), anéantie pour la mise à mort finale. Carmen, l'Espagnole, chante et danse son destin avec sensualité et arrogance. Rythmes de habanéra ou séguédille, sonorités orchestrales étincelantes sont parcourus du poignant « pentagramme » de l'Éros/Thanatos.

E) *L'opéra russe.* — Nombreux en Russie au XVIIIe siècle, les compositeurs italiens abreuvèrent les autochtones de leurs productions, mais leur montrèrent aussi comment greffer le slavisme sur ce canevas occidental. Les Russes puiseront ensuite dans leur fonds de bilines et de thèmes populaires ou orthodoxes. Dans cette création d'un opéra national, Pouchkine est leur inspirateur permanent, et le critique Stassov leur infatigable soutien. Glinka dégage d'emblée les deux branches de l'opéra russe, historique avec *Ivan Soussanine ou La Vie pour le tsar,* féerique avec *Rousslan et Ludmilla,* tandis que Dargomijski, attaché à l'exacte traduction du texte, tente de « musicaliser » *Le Convive de pierre* de Pouchkine. Tous deux usent déjà de gammes par ton et gammes orientales à seconde augmentée, quartes mélodiques, mètres et rythmes impairs, et privilégient les chansons, danses colorées et voix de basse, toutes signatures de l'art russe. En quête de « vérité », Moussorgski opte pour l'opéra historique avec *Boris Godounov* et *La Khovanchtchina,* et consacre tous ses efforts à l'élaboration de la « mélodie motivée par le sens » d'une rare plasticité et intensité expressive. Par son absence d'unité de lieu et de temps, *Boris* évoque les « scènes de Faust » de Berlioz et de Schumann, et la bouleversante figure du tsar rongé par le remords et le poids du pouvoir face à son peuple souffrant semble se souvenir du Philippe II de Verdi, mais c'est de manière génialement personnelle que s'y mêlent violence, angoisse, tendresse, noble déclamation et ton populaire dans un langage musical « à bout portant ». Achevé par Rimski et Glazounov, *Le Prince Igor* de Borodine narre le « Dit de l'ost d'Igor » prisonnier des Polovstes. Dans *La Pskovitaine,* Rimski illustre aussi l'opéra historique, qu'il abandonne au profit des légendes plus adaptées à ses talents de conteur et d'orchestrateur. Les sommets en sont *Kitège,* à résonance mystique et panthéiste, et *Le Coq d'or* (1907), fable satirique et subversive, dix ans avant la révolution russe. Quant à Tchaïkovski, il donne le meilleur de son tempérament vulnérable dans le romantisme discret d'*Eugène Onéguine* et fantastique de *La Dame de pique,* tous deux d'après Pouchkine.

D'autres Slaves se soucient d'un opéra national. Avec *Hedwige, reine de Pologne*, Kurpinski donne le coup d'envoi à l'opéra historique polonais, dont Moniusko devient le plus éminent représentant avec *Halkà* puis *Le Château hanté*. Smetana est l'auteur de *La Fiancée vendue*, premier chef-d'œuvre tchèque. Dvořák aura moins de chance en ce domaine, quoique son tardif opéra féerique, *Rusalka* « L'Ondine » (1900), ait fini par s'imposer.

F) *Religion et musique.* — Voie royale du XVIIe siècle, voie « critique » du XVIIIe finissant, la musique religieuse devient, au XIXe, la « porte étroite », franchie ou non par des musiciens libérés du joug des princes et de l'Église. Déistes plus que pratiquants, les romantiques sentent avec Novalis que le musicien est « le médium du Grand Tout ». Beaucoup s'adressent aux vastes auditoires (Berlioz, Mendelssohn, Bruckner, Verdi) ; d'autres avec Schumann, qui attendit l'extrême fin pour composer une Messe et un Requiem (en latin), estiment que « ces choses-là, on ne les écrit que pour soi-seul ». Plongés dans le monde du théâtre ou grands symphonistes, ils sont tous fascinés par la polyphonie palestrinienne préconisée par le mouvement cécilien. Ils utilisent cette texture a cappella dans sa pureté originelle (motets de Bruckner, Brahms et Verdi), ou la relèvent d'un langage hardi (*Ave Maria* de Verdi), ou la combinent à leurs œuvres les plus romantiques, telles le *Stabat Mater* de Rossini, le *Requiem* de Verdi.

La France catholique regagne le chemin des églises après le Concordat de 1801. Chateaubriand et son *Génie du christianisme*, Lamennais et Lacordaire comme ecclésiastiques, Choron puis Niedermeyer comme fondateurs d'écoles de musique religieuse, Le Sueur et Cherubini (10 messes dont 2 requiems) sont les figures marquantes du renouveau. Plus dissident, le jeune Berlioz harangue les foules avec son « ninivite » *Requiem* (1837), follement inventif en matière de rythme *(Introït)* et de spatialisation sonore *(Tuba mirum, Hostias)*, avant de s'assagir quelque peu dans son *Te Deum* et l'oratorio *L'Enfance du Christ*, empreint de « merveilleux ». Tous deux nés au début des années 1820, et aussi croyants que Berlioz l'était peu,

Gounod et Franck prendront en charge la musique d'Église du Second Empire. Le premier, tiraillé par l'appel monastique, fervent de Palestrina et de Bach, s'adonne à une quinzaine de messes *(Messe de sainte Cécile)* et requiems, et aussi des oratorios dont les *Sept Paroles* et *Mors et Vita* ; le second, trop hâtivement surnommé « pater seraphicus », à des messes, motets et oratorios, parmi lesquels *Ruth, Rébecca* et *Les Béatitudes,* pierre angulaire de son œuvre.

L'Allemagne luthérienne trouve en Mendelssohn, juif converti, un talentueux prosélyte. Après avoir remonté en 1829 la *Passion selon saint Matthieu* de Bach, il compose nombre de psaumes et de grands oratorios *alla* Bach et Haendel — *Paulus, Elias* — auxquels Allemands et Anglais réservent un triomphe. Entre son méditatif *Requiem allemand* et ses *Vier ernste Gesänge,* Brahms s'adonne à des motets et *Marienlieder* a cappella dont la beauté n'a d'égale que la maîtrise contrapuntique. L'Autriche catholique rencontre en Schubert un serviteur fécond (motets, huit messes dont une messe et un requiem allemands) et émouvant sinon toujours zélé, puis en Bruckner un « ménestrel de Dieu », auteur de six messes très diverses, *Te Deum* et motets « *omnia ad majorem Dei gloriam* ». Mais c'est à « l'abbé » Liszt — qui à la question : « Quel pays ? » répondit : « catholique » — que revient d'être la haute figure de la musique d'Église pour s'y être consacré corps et âme après 1850. Malgré le tiède soutien de Rome, il eut la ténacité de mener à bien les « *missa solemnis* » de Gran et du Couronnement, les *« missa » choralis* et *sexardique* et le *Requiem* plus céciliens, des motets symphoniques *(Psaume XIII)* ou d'un dépouillement franciscain, et trois oratorios, dont *Christus,* son hétéroclite chef-d'œuvre latin, et *Via crucis* avec orgue ou piano qui tresse latin, allemand et araméen, mélodies grégoriennes et chorals luthériens, œuvre œcuménique, labourée de douloureuses harmonies : « L'avenir du monde est dans ce passé, et la sagesse dernière dans la folie de la croix » (Liszt).

Chapitre III

L'ÂGE DE LA « TONALITÉ SUSPENDUE »

VI. — **1870-1945 : entre trois guerres**

En ces temps de révolution industrielle, les mouvements artistiques s'accélèrent — réalisme, positivisme, impressionnisme, symbolisme, expressionnisme, cubisme, futurisme, suprématisme, surréalisme, etc. — au rythme des nouveaux moyens de locomotion. Mieux qu'un titre unique en « isme », impuissant à rendre compte de la pluralité des courants, les bornes des trois guerres de 1870, 1914 et 1939 donnent une assez juste perspective de l'échiquier musical durant ces soixante-quinze années : un affrontement franco-allemand, bientôt étendu au reste de l'Europe puis au Nouveau Monde. En effet, la fin du XIXe siècle connaît d'abord « une capitulation » française devant le déferlement wagnérien (l'organe du symbolisme s'intitule symptomatiquement *Revue wagnérienne*) avant un farouche redressement. L'avant-guerre de 1914 — très actif également à Vienne pour l'ensemble du milieu germanique — voit l'arrivée à Paris de compositeurs de tous pays : époque exceptionnelle, hardie, rapide, raffinée et barbare, secouée de manifestes et de scandales artistiques, époque de l'explosion des codes et des référents. La Grande Guerre met fin au rêve d'une européenne « internationale des arts », jamais vraiment relancé durant les années du charleston et du krach boursier, et bientôt anéanti par le national-socialisme qui chassera outre-Atlantique Schönberg, Stravinsky, Bartók, Milhaud, Hindemith, Zemlinsky, Eisler, Křenek, tandis que d'autres, tels Schulhoff et Ullmann, disparaîtront dans les camps de la mort.

1. **Bouleversements ou rupture ?** — Pour traduire la tension du sentiment d'amour, Wagner satura *Tristan* de chromatismes, accords « androgynes » et enharmonies délétères propres à éroder le sentiment tonal. Avec le déclin de la tonalité reine — que l'on avait prise pour une « immortelle bien-aimée » — vint l'âge des recensements. Avant de l'embaumer et de la placer dans une châsse pour l'édification des générations futures, d'Indy, Emmanuel, Riemann, Schönberg, Schenker (désabusés ou confiants dans l'avenir) eurent soin d'ausculter cette tonalité en de savants traités. Dans la nouvelle république musicale du début du XXe se pose alors la question : que faire de la suspension de la tonalité ? Deux solutions principales se présentent pour sortir du système d'attraction/résolution tonal : tendre vers l'égalité absolue, soit des six tons (Debussy), soit des douze demi-tons (Schönberg) compris dans l'octave, ou abolir les fonctions harmoniques, notamment des « accords de dominante » (dès Wagner et Franck). Et, dans tous les cas, user sans frein, pour leur couleur, d'accords de 11e et 13e qui génèrent une polytonalité harmonique, d'agrégats chargés de notes ajoutées et d'appoggiatures non résolues, ou encore inventer une nouvelle harmonie par quartes, oser l'accord de douze sons (Scriabine, Berg, Casella, vers 1911), s'appuyer sur la division de l'octave en deux quartes augmentées, etc. Entraînant la perte du bithématisme classique et annulant la nécessité d'une réexposition, l'abolition de la tonalité engendre une nouvelle conception du temps musical, apériodique, sans retour, fondé sur un principe de variation organique « atomisée » (*Morceaux en forme de poire, Préludes flasques,* ironisera Satie). Plus radical encore, Hába, suivi de Wichnegradski, s'engage dès 1920 dans l'investigation des microtons, abolissant l'ultime royauté de la musique occidentale, celle du demi-ton. Si tant est qu'on puisse comparer la structure tonale à la syntaxe verbale ou au figuralisme pictural, la musique largue elle aussi les amarres du sens et, ce faisant, ouvre la voie aux poètes (Mallarmé) et aux peintres (M. Denis) : ce qui fut baptisé symbolisme se

résume dans l'intention commune à plusieurs familles d'artistes de reprendre à la musique leur bien, estime Valéry.

La remise à l'honneur du chant grégorien (Solesmes) et des polyphonies de la Renaissance incite les Français à jouer surtout la carte de la modalité. Modalité d'origine médiévale, mais en y intégrant d'autres échelles comme la gamme andalouse, la gamme pentatonique chinoise, la gamme acoustique issue des harmoniques d'une note pôle *(do-ré-mi-fa #-sol-la-si ♭-do* en *ut)* et la gamme par ton (toutes solutions également en vigueur chez les Russes, Espagnols, Hongrois, etc.). Sous la férule de Schönberg, et dans une vision idéaliste, la seconde « École de Vienne » s'attache à « libérer » les douze demi-tons (1908) ; puis, comme prévisible, Schönberg n'aura de cesse d'organiser cette liberté, de l'endiguer par des lois sévères, en concoctant une charte à la « tonalité suspendue » : la technique sérielle (1923). La série imprime un ordre aux douze notes (mouvement droit ou contraire, rétrograde droit ou contraire, sur douze transpositions, soit 48 présentations possibles) pour engendrer l'ensemble de la texture musicale, sans dichotomie de l'horizontal et du vertical (principe entrevu par Scriabine dans son accord-mode).

Ainsi l'avant-guerre de 1914 dénie-t-elle l'existence ontologique d'une Vérité tonale fondée sur la Nature : indissociable d'*artifice,* l'*art* n'a-t-il pas toujours résulté d'un compromis entre Nature et Culture, et les nouvelles grammaires ne sont-elles pas, elles aussi, enracinées dans la Nature, comme toute chose en ce monde ? Néanmoins, aucun code ne put se substituer durablement à l'ancien, d'où les errements de l'entre-deux-guerres qui, outre l'application du sérialisme, préconisera la polytonalité, flirtera avec le jazz et le music-hall américains, inventera de nouvelles échelles à transpositions limitées (Messiaen) ou se raccrochera à un néoclassicisme réconfortant.

Si la fin du XIXe siècle marque l'acmé d'un langage harmonique tendu à se rompre — allant de pair avec un certain décadentisme — et donc du paramètre « hauteur », le XXe voit l'explosion sauvage des paramètres « timbre » et « rythme ». État dans l'État, les percussions démultipliées de l'orchestre se font aussitôt les alliées du rythme grâce à leurs instruments à son brut. À la différence d'un Schönberg, Russolo et les bruitistes italiens (1913) ou Varèse placent la musique du côté du sonore plus que de la combinatoire. Surgie de la nuit des âges, la pulsation rythmique primitive « mène la danse » et assure le triomphe des Ballets russes et des Ballets suédois. Comme pour les hauteurs, le travail rythmique opère dorénavant à partir de la plus petite valeur, mise sur l'asymétrie et s'émancipe de la tutelle de la barre de mesure, réduite au rôle de repère visuel.

Toutes ces innovations menées tambour battant expliquent l'inévitable réaction du néoclassicisme, ennemi de l'« insaisissable », de la disjontion œil/oreille. Sans tomber dans le pastiche stérile du XVIIIe siècle, beaucoup de compositeurs des années 1920-1940 ont aspiré à renouer avec des structures éprouvées, des rythmes carrés et continus, un contrepoint audible, une harmonie drue et polarisée, bref, à se distancier tant de la grisaille de l'atonalité que du flou impressionniste. L'entre-deux-guerres marque ainsi une stagnation : une entre-deux-ruptures.

2. **Musique instrumentale.** — Par nature du côté du « son », l'instrumental mise plus que jamais sur la couleur. Considérablement renforcé, l'orchestre atteint au gigantisme (Mahler), à moins qu'il ne se raréfie, se subdivise en timbres purs propices à une subtile alchimie (Debussy : *L'Après-midi d'un faune,* Schönberg : *Kammersymphonie* pour 15 instruments solistes). Le coloris compte tellement que Chabrier et Ravel orchestrent leurs pièces pour piano, et que, plus discutable, les uns et les autres s'attaquent aux œuvres de leurs prédécesseurs.

A) *Franck et son temps.* — D'origine belge et germanique, Franck (1822-1890) a été situé dans le présent chapitre en raison de la tardive affirmation de son génie, indissociable de l'épanouissement du talent de ses disciples, et de son action décisive en faveur du « renouveau français » après 1870. En vérité, l'heure en France est à l'éclectisme, dont Saint-Saëns (1835-1921) se fait le porte-drapeau. Retours historiques et découvertes exotiques vont de pair, ces dernières rythmées par les Expositions universelles. La défaite de Sedan fouetta l'orgueil des Français qui — bien que tous fervents de la musique allemande, de Bach à Wagner — fondent la Société Nationale de Musique (1871) et encouragent un retour au terroir. Sous la houlette de Saint-Saëns, la devise « *Ars gallica* » fut appliquée à la lettre, mais en passant en 1886 sous l'égide de Franck puis de son bras droit d'Indy (1851-1831), la Société s'ouvre à la musique étrangère (entendez : allemande). L'emprise de d'Indy sera telle que Fauré, disciple élu de Saint-Saëns, sera contraint de fonder la Société de Musique Indépendante (1909) : la guerre des fils relaie celle des pères... La postérité ne s'en souciera guère qui, sans ménagement, a relégué les deux esprits d'exception, les deux hommes d'action qu'ont été Saint-Saëns et d'Indy, derrière Franck, Fauré, Debussy et Ravel.

Des *Pièces pittoresques* de Chabrier aux *Regards* de Messiaen, le piano français s'irise de mille nuances « impressionnistes », même chez le germanisant d'Indy *(Poème des montagnes, Tableaux de voyages)* et un Séverac, son disciple. Saint-Saëns penche pour l'*étude,* qui dissimule aussi bien un prélude et fugue qu'une page chatoyante ; Franck, à son habitude, façonne des triptyques denses et cycliques *(Prélude, choral et fugue),* allant de l'ombre vers la lumière ; Dukas, seul, s'affronte à des variations de type beethovénien, mais son ample Sonate trouve une rivale dans celle de d'Indy. Pianiste virtuose, Saint-Saëns crée les premiers concertos marquants de la musique française, alors que d'Indy dans sa *Symphonie cévenole* et Franck dans ses *Variations symphoniques* établissent un dialogue plus intime entre le piano et l'orchestre. Le violon connaît un essor extraordinaire dû à la présence de Sarasate et d'Ysaÿe. Au premier, Saint-Saëns dédie ses concertos et Lalo sa *Symphonie espagnole* (1875, l'année de *Carmen)* ; le second se voit offrir les sonates de Franck, Lekeu, Saint-Saëns et Ropartz, les quatuors de Saint-Saëns, d'Indy et Debussy, le quintette de Franck, le

Concert et le *Poème* de Chausson, cette dernière œuvre alliant la « puissance d'approfondissement du douloureux » (G. Marcel) à un rayonnement magique. Prenant modèle sur les classiques et Mendelssohn, plus que sur Berlioz, Gounod et Bizet, les compositeurs du moment renouent également avec l'orchestre. Lalo, Chausson, Franck, Dukas, et même Fauré et Debussy osent une symphonie, tandis que Saint-Saëns, d'Indy, Magnard et Ropartz n'hésitent pas à se montrer plus abondants. Fervents de Liszt pour la plupart, ils s'adonnent aussi au poème symphonique ; Saint-Saëns d'abord *(Le Rouet d'Omphale, Danse macabre),* puis Franck *(Le Chasseur maudit, Les Djinns),* d'Indy *(Wallenstein, Jour d'été à la montagne),* Dukas *(L'Apprenti sorcier),* sans oublier Chabrier et sa pétulante *España.* Delibes *(Coppélia),* Lalo *(Namouna),* Dukas *(La Péri)* n'ont garde par ailleurs de négliger le ballet.

Rivalisant avec l'orchestre, voici, enfin, l' « orgue symphonique », sorti des ateliers de Cavaillé-Coll et servi par ses complices Lefébure-Wely et Franck, voire par Saint-Saëns, décidément présent sur tous les fronts, puis dans leurs symphonies par Widor, Vierne et Dupré.

B) *Fauré, Ravel et leur temps.* — À ses élèves Ravel, Schmitt, Koechlin, Lili Boulanger, Ducasse, Enesco, Casella, Fauré (1845-1924) communiqua le goût d'une facture châtiée, rehaussée d'une harmonie raffinée. Soucieux de se préserver des influences, indifférent aux titres évocateurs et à la couleur instrumentale, lui-même a centré son art sur la magie d'une harmonie encore tonale, mais toute d'esquive et d'ambiguïté, alliée à la pureté d'une linéarité plus modale. Composée de nocturnes, barcarolles, impromptus et préludes, son œuvre pour piano s'apparente à celle de Chopin, et sa nonchalante fluidité le dispute à une hautaine perfection. Part la plus mendelssohnienne de sa production, son abondante musique de chambre — de la ruisselante 1re Sonate pour piano et violon (1876) à l'altier Quatuor à cordes (1924) — dessine une trajectoire sans cesse ascendante : à l'égal du 13e Nocturne, le 2e Quintette avec piano témoigne de la splendeur automnale des dernières inspirations du maître. De sobres musiques de scènes *(Pelléas et Mélisande)* complètent cet univers protégé et personnel.

Archétype du musicien français par la concision et la perfection de son œuvre, Ravel (1875-1937) l'est aussi par son esprit ludique, son exquise délicatesse, son goût pour la danse, à quoi s'ajoutent des attributs espagnols, dont la gamme et le triolet andalous, presque naturels chez ce Basque d'origine *(Habanéra, Rapsodie espagnole).* En constant renouvellement d'idées, Ravel ne se laisse toutefois emprisonner dans aucune esthétique. Dès ses débuts, les pièces à titre « impressionnistes » d'une harmonie translucide, acérée d'acciacatures et de notes étrangères *(Jeux d'eau, Miroirs),* cohabitent avec les plus classiques Sonatine et Quatuor. Puis viennent *Gaspard de la nuit,* triptyque pianistique d'esprit lisztien, *Daphnis et Chloé,* ballet sensuel et dionysiaque, le *Tombeau de Couperin,* le Trio et le Duo où la ligne contrapuntique et la modalité s'affirment, *La Valse* (1919), métaphore déchirante de l'effondrement de l'Empire autrichien, le *Boléro,* obsessionnel et sacrificiel, les deux Concertos pour piano, relevés de jazz et de polytonalité, hommages à Mozart, Saint-Saëns, et aussi à Liszt pour le monolithe « gaucher » en *ré.*

Non moins riche et diverse, l'œuvre de Schmitt (1870-1958) pâtit du trop grand succès du Quintette avec piano, de l'orientalisante *Tragédie de Salomé* et du *Psaume,* à la somptueuse orchestration et frappe rythmique barbare.

C) *Debussy.* — Debussy (1862-1918) domine son siècle, comme Monteverdi et Beethoven le leur ; mais, de son vivant, c'est l'accumulation des talents de l'École de Paris qui attira les étrangers (plusieurs étudièrent avec d'Indy et Dukas). Debussy et ses pairs s'ouvrent aux musiques russe, japonaise, balinaise et resserrent leurs liens avec l'Espagne. Dans ce climat favorable, le musicien devient l'ami des poètes et des peintres : « J'aime presque autant les images que la musique », confie-t-il à Varèse. Excepté sa musique de chambre (Quatuor, trois Sonates), son œuvre est presque toujours liée à des *Estampes* et *Images* ou à des danses. À l'inverse de Fauré, le génie de Debussy n'a nul besoin de remparts pour préserver sa singularité et sa « francité ». Au mépris d'un art de serre, il pose son chevalet en plein air afin que le *Vent d'Ouest* chasse les miasmes de la théorie. Ce qu'il soustrait jalousement aux regards, c'est le « faire », obéissant plus encore que Ravel au précepte de Rameau (auquel il dédie un *Hommage*), « cacher l'art par l'art même ». Cette volonté d'effacer tout labeur apparent, tout reliquat du travail prospectif, s'apparente à une esthétique de l'euphémisme. Ainsi, alors qu'il mine les fonctions tonales, notamment par l'usage de la gamme par ton sans attraction ni résolution, il se contente d'évoquer les « plus récentes découvertes de la chimie harmonique » ; ou bien il attend la fin de ses *Préludes* pianistiques pour suggérer des « correspondances » poétiques et sensorielles. Les rouages minutieux des structures (soucieuses de section d'or), la subtile problématique du temps, donc du non-retour — en particulier dans les triptyques symphoniques *Nocturnes, La Mer, Images* —, se dissimulent derrière ces évocations impressionnistes. La séduction sonore joue sur l'instantanéité de l'écoute, une mouvance quasi immobile qui tend vers « quelque chose de plus épars, de plus divisé, de plus impalpable, quelque chose d'inorganique en apparence, et pourtant d'organique dans le fond », explique-t-il. Dès 1894, le *Prélude à l'après-midi d'un faune* avait inauguré une nouvelle manière, délicate et sensuelle, de sentir et d'écouter, et ce n'est pas un hasard si son œuvre la plus avancée, parcellaire et mobile, s'intitule *Jeux* (1913). Le tardif renoncement à une poétique dans ses Etudes pour piano et ses trois Sonates de chambre ne contredit pas cet hédonisme quintessencié.

D) *La France de l'entre-deux-guerres.* — Élève de d'Indy à la Schola, Roussel (1869-1937) y enseignera à son tour le contrepoint à Varèse et Satie. Après son impressionniste *Festin de l'araignée* et des recherches modales extra-européennes, Roussel trouve sa vérité dans un art dru, structuré, polymodal, emporté par une motricité caractéristique du néoclassicisme des années 1920 (*Suite en fa*, 3e et 4e Symphonies, *Sinfonietta, Bacchus et Ariane*), mais qui animaient dès 1909 le Prélude de sa *Suite* pour piano. Irrépressiblement novateur, Varèse (1883-1965), après la Schola, ira quérir en Allemagne les conseils de Busoni, esprit aussi peu conformiste que cultivé, avant de fouler des terres presque vierges aux États-Unis, qu'il glorifie dans *Amériques.* Ce pionnier entend valoriser le « son » (voire le bruit) aux dépens de la note, et le « processus » aux dépens de la forme préétablie, privilégiant les vents et plus encore les percussions, enrichies de sirènes et d'ondes Martenot (1929). *Arcana* témoigne de ses recherches « alchimiques » sur la transmutation du matériau sonore, *Ionisation* est la première partition pour 35 percussions seules, et *Déserts* (1950-1954) associe le « son organisé » (bande magnétique) aux instruments. Cette « musique spatiale » contient les germes de la musique concrète et de la musique spectrale.

Parrainé par Satie, mage de l'École d'Arcueil et instigateur, avec Cocteau et Picasso, du « scandaleux » *Parade* (1917), le « Groupe des Six », uni un instant pour *Les Mariés de la Tour Eiffel,* associe des personnalités bien différentes. Honegger (1892-1955), Suisse alémanique, imprégné de Bach et Beethoven, à l'écoute de ses contemporains allemands, auteur de solides œuvres de chambre, de cinq symphonies oscillant entre tragique et sublime (2e pour cordes, *Symphonie liturgique*), et du volontaire *Pacific 231,* n'a que peu à voir avec un Auric, même si ce dernier compose lui aussi des musiques de film *(Le Sang du poète),* et guère davantage avec Poulenc (1899-1963), au talent tout d'élégance spontanée *(Concert champêtre, Aubade).* Quant à Milhaud (1892-1974), adepte de la polytonalité contrapuntique, sa puissante originalité éclate dès ses *Saudades do Brazil,* les ballets *L'Homme et son désir* et *La Création du monde,* influencés par le jazz, même si une prolixité excessive vient noyer quelque peu le reste de sa production (18 quatuors à cordes, 12 symphonies, concertos divers, etc.).

Avec le groupe « Jeune France » apparaît la génération des élèves de Varèse et Dukas. Jolivet (1905-1974) renoue avec une musique incantatoire, rituelle, captant les forces telluriques et cosmiques, fondée sur les ressources mêmes de la résonance *(Mana, Danses rituelles)*. Messiaen (1908-1992), compositeur contemporain le plus joué dans le monde, fut aussi l'un des plus grands professeurs du siècle, dont les disciples revendiquent hautement le gratifiant patronage. Ouvert à toutes les cultures, à toutes les esthétiques, improvisateur sensuel, instinctif et théoricien dans l'âme, il s'adonne à des recherches rythmiques (rythmes non rétrogradables, valeurs ajoutées, Deçî-Tâlas hindous) et modales (échelles à transpositions limitées), devance la jeune génération dans le domaine du sérialisme intégral *(Mode de valeurs et d'intensités)*, et recense en ornithologue les chants d'oiseaux qui s'accumulent dans sa musique *(Catalogue d'oiseaux, Oiseaux exotiques)*. Ce pianiste-organiste-théologien, qui associe sons et couleurs, tire du piano *(Regards sur l'Enfant Jésus, Visions de l'Amen)*, de l'orgue *(La Nativité du Seigneur, Messe de la Pentecôte)*, d'ensembles divers *(Quatuor pour la fin du Temps, Couleurs de la Cité céleste)* ou d'un orchestre fabuleusement riche *(Turangalîla-Symphonie, Chronochromie, Des Canyons aux Etoiles)* des sonorités miroitantes de vitrail, dignes de la « Jérusalem céleste ».

E) *Mahler, Schönberg et le monde germanique.* — Jusqu'à la Première Guerre mondiale, Vienne fut la capitale culturelle du monde germanique, la ville phare de la Mitteleuropa des Habsbourg, bercée aux sons de la valse, qui se nourrit de cela même qui la transformera en poudrière : la diversité des communautés hongroises, tchèques, serbes, et le génie des créateurs d'origine juive (Mahler, Schönberg, Freud, Wittgenstein, Husserl, Zweig). Longtemps mal apprécié, même du public viennois, Mahler (1860-1911) fut idolâtré par Schönberg et ses disciples. Chef d'orchestre lyrique (comme Weber, Wagner et Strauss), dix ans à la tête de l'Opéra de Vienne, il se concentra sur un objectif Janus : la symphonie et le lied. Imprégné de la IXe Symphonie de Beethoven, des

« célestes longueurs » et marches lancinantes de Schubert, du gigantisme orchestral de Bruckner, il échafaude des structures complexes dans un temps immensément étiré — « La durée était pour Mahler l'image même du sens » selon Adorno. Le refuge d'un langage tonal, fût-ce une « tonalité progressive », lui permet de brasser fanfares, ländler, réminiscences populaires et autres inspirations triviales qu'il se refuse à écarter du sublime de l'art. D'une impitoyable exigence, orchestrateur aguerri, il assume lucidement cette hétérogénéité pour créer un nouvel « art total », non plus totalité des arts mais totalité de l'homme. Sur ses neuf symphonies, quatre font appel aux voix, dont la grandiose VIIIe sur le *Veni creator* et la scène finale du *Second Faust* de Goethe, et les quatre premières ont partie liée avec ses *Wunderhornlieder.*

Élève de Zemlinsky, Schönberg (1874-1951) passa pour l'homme des extrêmes contraires, qui d'un côté conciliait tout l'héritage, y compris wagnérien et brahmsien, et de l'autre rompait avec cet héritage pour inventer une nouvelle grammaire musicale. Lui ne jugeait pas ainsi sa démarche, qui ne cessa de proclamer l'enracinement de la « tonalité suspendue » dans l'Histoire. Postromantique, il tend d'abord vers de vastes formes monolithiques intensément expressives *(Nuit transfigurée,* 1er Quatuor, *Pelléas et Mélisande, Kammersymphonie).* Une libre atonalité s'immisce au cours du 2e Quatuor (1908) qui, symptomatiquement, introduit la voix, donc un texte, comme garde-fou au moment du saut dans l'inconnu. L'abolition de la tonalité entravant, pour un temps, l'élaboration de longues structures, suivent des formes aphoristiques, dont les *Pièces pour orchestre* op. 16 à l'origine de la *Klangfarbenmelodie* (mélodie de timbres). « Méthode de composition à douze sons » (1923), le dodécaphonisme sériel s'assortira d'un déconcertant hiatus — relançant la vieille dichotomie forme/fond — qui se traduit par un retour aux genres passés, surtout la sonate : manière de reconnaître à celle-ci une perfection immanente par-delà le style qui l'a engendrée. Favorisé par la nouvelle doctrine, le penchant naturel au contrepoint et à la variation de Schönberg atteint l'accomplissement dans les *Variations pour orchestre* op. 31. Sérielle toujours, mais trahissant une nostalgie de l'ancienne tonalité, la période américaine, à partir de 1933, voit la naissance des dernières œuvres de chambre et des concertos pour violon et pour piano.

Les disciples de ce créateur captivant semblent lui avoir prêté un serment d'allégeance jamais démenti. Pourtant l'axiome de la série, qui disjoint lecture et perception et nie la temporalité musicale en abolissant la distinction entre horizontal et vertical — c'est-à-dire entre le successif et le simultané —, était pour le moins discutable. Webern (1883-1945), habité par une pensée spontanément pré-sérielle, concentrée à l'extrême, elliptique jusqu'aux confins du silence (*Bagatelles* op. 9), a suivi Schönberg sans hésiter, si ce n'est précédé, dans cette ascèse. « Devenue le Seuil » (Boulez), son œuvre tout entière n'atteint pas quatre heures, et les pages les plus longues ne dépassent guère dix minutes. Webern devient maître dans l'art d'enrichir la série d'isomorphismes propices à des permutations et transpositions tronquées, et de dissimuler sous un pointillisme sonore délicat des réalisations étonnamment savantes (*Symphonie* op. 21, *Konzert* op. 24, *Variations pour piano* op. 27). Tout à la fois postromantique, symboliste et expressionniste, Berg (1885-1935) tire ses rares œuvres instrumentales du côté de l'opéra sans texte, les saturant de signification codée, que le langage en soit atonal libre (Sonate, *Pièces pour orchestre* op. 6), semi-sériel (*Kammerkonzert,* admirable *Suite lyrique* pour quatuor à cordes) ou sériel à tendance tonale (*Concerto pour violon* « à la mémoire d'un ange »). Obtenant la quadrature du cercle, il concilie expression impulsive et forme complexe, le plus souvent gouvernée par le principe du palindrome ou miroir vertical à la moitié de l'œuvre.

Face au monde viennois, retenu comme essentiel par l'Histoire, le monde allemand, de Reger, Fr. Schmidt à Orff, est solidement représenté. Universitaire cultivé et chef d'orchestre, lui-même brillant orchestrateur, R. Strauss (1864-1949) se laisse séduire par la narrativité *(Till Eulenspiegel, Alpensymphonie)* ou le message philosophique *(Ainsi parlait Zarathoustra, Mort et Transfiguration)* dans ses nombreux poèmes symphoniques et symphonies à titre, pour la plupart antérieurs à sa production théâtrale et y conduisant de main de maître. Hindemith (1895-1963), altiste et professeur à la Musikhochschule de Berlin, se fait le théoricien d'une sorte de métamusique englobant tous les systèmes de son temps *(Unterweisung im Tonsatz)*. Ce tenant de formes solides et contrapuntiques laisse notamment un vaste répertoire de chambre, le recueil de fugues *Ludus tonalis* et la Symphonie *Mathis le peintre*, apparentée à l'opéra du même nom.

F) *Scriabine, Stravinsky et le monde slave.* — Par ses durables répercussions sur les arts, la révolution de 1917, anéantissant la Russie tsariste au profit du régime soviétique, scinde en deux ce « monde ». Compositeur le plus étrange et le plus méconnu de l'avant-révolution, Scriabine (1872-1915) fut d'abord, comme Rachmaninov, un virtuose-compositeur postromantique, fervent de Chopin. Son mysticisme et la pratique de la théosophie le conduisirent vers 1904 à métamorphoser son art. Intitulées dorénavant *Poème satanique, Poème divin, Poème de l'extase, Prométhée ou le poème du feu,* ses œuvres fascinantes devaient le mener à son *Mystère,* opus magnum dont il ne put qu'esquisser l'*Acte préalable.* Dépourvues de titres mais saturées d'indications de caractère, ses dix sonates pour piano, vibrantes de trilles, diamantées de grappes d'accords, marquent semblable évolution vers une vision cosmique de l'univers, qui va de pair avec un renouveau hardi du langage musical. Radicalement autres sont Prokofiev et Stravinsky, tous deux élèves de Rimski. Joignant un sens rythmique sans précédent à une harmonie haute en couleur, leurs dons les prédestinaient au ballet, ce qui n'a pas échappé à Diaghilev, créateur des Ballets russes. Ce dénicheur de talents se donna pour but de conquérir Paris à la hussarde avec un spectacle « total », axé sur la danse et d'une irréprochable qualité, grâce aux talents conjugués de Nijinski, des chorégraphes Fokine, Massine puis Balanchine, des décorateurs Bakst, Benois, Larionov. Borodine et Stravinsky lui ont servi de boutoir, puis très vite Diaghilev passa commande à Ravel, Debussy, Satie, Falla, Milhaud, aux peintres Picasso, Rouault, Derain, Matisse, Utrillo et à maints autres grands artistes de l'époque.

Génie polymorphe et provocant, Stravinsky (1882-1971) pénètre donc dans la lice internationale en trois bonds fulgurants avec *L'Oiseau de feu, Petrouchka* et *Le Sacre du printemps,* avant les années suisses puis l'exil américain. Joyau de la fabuleuse année 1913, *Le Sacre* restaure le primitif, l'incantation, la « Danse sacrale ». Son écriture rythmique, d'une innovation sidérante mais viscérale, la masse impressionnante des vents et des percussions, les motifs brefs inlassablement réitérés, l'harmonie polytonale fracassée explosent avec la violence *inouïe* d'un printemps russe, sans se départir du mystère et du hiératisme qui siéent à un rituel millénaire. En dépit d'incursions du côté du jazz *(Ragtime, Ebony concerto)* et autres apports du XXe siècle, cette aptitude à l'archétype explique sans doute le glissement vers un néoclassicisme dessiné à la pointe sèche (symphonies, concertos) et une « poétique musicale » de l' « ordre », avant la bifurcation vers le sérialisme *(Agon),* au lendemain de la mort de son rival Schönberg (1951), quand cette grammaire entre dans l'Histoire et semble devoir engendrer le classicisme des Temps modernes.

Jeune révolutionnaire en musique, Prokofiev (1891-1953) pratique un art sain et musclé, à l'image de son jeu pianistique, dont le « motorisme » *(Toccata, Le Pas d'acier)* fut taxé de « bolchevisme » dans son ballet *Chout.* Le néoclassicisme inventif mais spontané qui se manifeste dans ses sonates, ses concertos et ses sept symphonies *(Symphonie classique)* facilita sans doute le choix du compositeur en faveur de l'Union soviétique (1932) après une éclatante carrière internationale. Disciple de Glazounov, Chostakovitch (1906-1975) n'a pas eu cette décision à prendre : compositeur soviétique il serait, pour le meilleur et pour le pire, couvert de prix d'État ou tancé à la moindre incartade. Joies et douleurs, triomphalisme et dérision fécondent une œuvre d'humaniste, qui s'est imposée peu à peu à travers des préludes et des fugues, quinze quatuors à cordes, quinze symphonies (« Révolution d'Octobre », « 1er Mai », « L'Année 1917 », « Babi Yar »), des concertos et ouvertures d'une puissante et pathétique éloquence.

G) *Espagne, Scandinavie et Europe centrale.* — Le Londres d'Elgar, Bridge, Vaughan Williams et la Rome de Respighi souffrent de n'être ni Paris, Berlin ou Vienne, capitales de la modernité, ni Moscou, Madrid, Budapest ou Prague, voire Brno, cités soulevées par un irrésistible élan artistique. Au XXe siècle, l'étape du folklorisme est dépassée, et chaque ethnie aspire à l'universalité artistique. L'attrait des Français et des Russes pour les richesses populaires de l'Espagne révèle aux compositeurs ibériques la manière d'en tirer parti, alors même que le musicologue Pedrell leur découvre un passé « savant » à travers Victoria ou Scarlatti. Comme les peintres Picasso et Gris, les musiciens espagnols viendront en France à un moment de leur carrière pour respirer l'air du Debussy d'*Iberia* et de *Soirée dans Grenade,* du Ravel de la *Rapsodie espagnole* et travailler avec d'Indy (Turina, Albéniz). Ancien enfant prodige, Albéniz (1860-1909) s'apparente à maints égards à Liszt, son maître passager : polyglotte et pianiste transcendant, il parcourt le monde ; généreux et curieux d'esprit, il affirme en définitive l'individualisme puissant des semi-autodidactes. Son poème symphonique *Catalogne,* ses premières pièces pour piano amènent à son ultime chef-d'œuvre, les douze *Iberia* pour piano, admirées de Debussy et de Messiaen, qui dans une somptueuse texture déploient une harmonie « fauve », digne de Matisse et Derain, trépidante d'acciacatures et martelée de rythmes lancinants *(Fête-Dieu à Séville, El Albaicín, El Polo).* Granados y répond peu après par ses opulentes *Goyescas* (1911). La personnalité de M. de Falla (1876-1946) et sa génération modifieront les données : les impressionnistes *Nuits dans les jardins d'Espagne,* l'ensorcelant ballet *L'Amour sorcier,* le truculent *Tricorne* laisseront place, comme chez Bartók et Ravel, à l'art épuré de la *Fantasia baetica* (1919), plus décanté encore dans le *Concerto pour clavecin,* pour confiner au silence durant les vingt années consacrées à « chercher » *L'Atlandide,* oratorio inachevé au titre symbolique...

La Scandinavie bénéficie de l'activité du Danois Nielsen, directeur du conservatoire de Copenhague, dont les six symphonies sont entrées au répertoire, et s'enorgueillit de la renommée du Finlandais Sibelius (1865- 1957), compositeur d'un célèbre concerto pour violon mais aussi de *Karelia* et *Finlandia,* œuvres nationales, puis de poèmes symphoniques *(Tapiola)* et de sept symphonies d'inspiration plus universelle. À travers les Tchèques Janáček et Martinů, le Polonais Szymanowski, les Hongrois Bartók et Kodály, se joue l'émancipation musicale de régions longtemps tenues sous domination. L'œuvre pour piano de Janáček (1854-1928), ses quatuors *Sonate à Kreutzer,* d'après Tolstoï, et *Lettres intimes,* le sauvage poème symphonique *Tarass Boulba* d'après Gogol et la *Sinfonietta* révèlent le rôle conjugué du chant national et de la culture russe dans sa prise d'indépendance à l'endroit du monde germanique.

Bartók (1881-1945), comme Berg, était doué d'une puissance mélodique et d'une éloquence spontanée de nature à saisir sur le champ son auditoire, talent que les spécialistes lui firent chèrement payer. Il s'était pourtant forgé un langage personnel, alliant une loi diatonique, fondée sur la gamme acoustique et propre à intégrer le chant populaire, et une loi panchromatique quoique polarisée par un système d'antipodes à la quarte augmentée (partage de l'octave valable également dans la gamme acoustique). Non moins travaillées, les structures en arche — monolithiques (3e Quatuor) ou en cinq mouvements (5e Quatuor) — obéissent à la section d'or et à différents calculs numériques garants d'une cohérence interne. Remarquable dès les premières œuvres librement populaires en mètres impairs ou asymétriques *(Danses hongroises* et *roumaines),* la frappe rythmique ne perd rien de sa vitalité dans le percussif *Allegro barbaro* et l'âpre ballet expressionniste *Le Mandarin merveilleux,* digne pendant du *Sacre.* La découverte de Schönberg et l'emprise du contrepoint de Bach marquent un palier austère, permettant l'épanouissement des années 1930 avec le cinquième des six quatuors, la *Musique pour cordes et percussions,* la *Sonate pour deux pianos et percussions,* confrontant l'énergie barbare des mouvements vifs et la magie nocturne, furtive, bruissante, immémoriale des mouvements lents. Non content de traiter somptueusement le piano (trois concertos) et les percussions, ce pianiste manie la plus belle écriture de cordes jamais ouïe (Sonate pour violon seul, Concerto), chaque quatuor proposant un univers de timbres.

3. **Musique vocale.** — La volonté de traquer le sens et la sonorité des mots, l'expressionnisme ambiant et la désintégration du système tonal, tout concourt à priver le chant de ses courbes voluptueuses, de ses assises sur « les bons degrés » au profit d'un parler-chanté propre à chaque langue.

A) *La mélodie française et le lied.* — Véhicule naturel de l'âme d'un peuple, la mélodie retient d'évidence tous les compositeurs, quoique ne soit envisagée ici que la production française et germanique. L'entre-trois-guerres voit à la fois l'explosion et le maintien de ce genre intime, issu de la romance et du *Volkslied.* Les compositeurs l'orchestrent, tels Berlioz *(Nuits d'été),* Duparc, Wolf, Mahler *(Wunderhornlieder),* ou le pensent directement pour l'orchestre, quitte à confondre ce chant symphonique avec la cantate et l'oratorio, comme Chausson *(Poème de l'amour et de la mer),* Mahler *(Das klagende Lied, Kindertotenlieder, Das Lied von der Erde),* Ravel *(Shéhérazade),* Schönberg *(Gurrelieder),* Berg *(Altenberg-Lieder),* ou l'assimilent à la musique de chambre, ainsi la *Chanson perpétuelle* de Chausson, le *Pierrot lunaire* de Schönberg qui sert de référence à Stravinsky pour ses *Poèmes de la lyrique japonaise* et à Ravel pour ses *Poèmes de Mallarmé* et ses *Chansons madécasses.*

Malgré l'essor de la poésie romantique, la mélodie française, longtemps cantonnée dans la romance, accuse un retard, vite rattrapé, sur le lied. Suivi par Liszt, Berlioz en fut l'initiateur dans ses *Mélodies irlandaises* et ses *Nuits d'été* d'après Gautier. Naturellement mélodiste, Gounod, en se tournant vers Hugo, Musset *(Venise)* ou Lamartine, acheva de transformer la chrysalide en genre raffiné que tous s'empressèrent d'honorer. De Duparc, tragiquement doué et malade, ne reste qu'une poignée de chefs-d'œuvre tourmentés, mûris au contact de la ballade schubertienne et du lied-confidence schumannien, dont *L'Invitation au voyage* et *La Vie antérieure* d'après Baudelaire. Également disciple de Franck, Chausson a retenu notamment le symboliste belge Maeterlinck pour ses vénéneuses *Serres chaudes.* Sûr de l'exemplaire élégance et de la plasticité de sa veine mélodique, Fauré pratique l'art de la distanciation. Son inspiration élégiaque et nocturne — plus solaire dans *La Bonne Chanson* — fait merveille pour traduire Verlaine. Cycles symbolistes et dépouillés, *La Chanson d'Ève* et *Le Jardin clos* appartiennent à sa période attique, puis, dégagée de toute afféterie, l'inspiration s'épanouit de nouveau dans *L'Horizon chimérique.* Après de nombreuses mélodies virevoltantes et sophistiquées, Debussy, en miniaturiste musical et parfait représentant de l'esthétique mallarméenne de la suggestion, rétrécit palette et diction dans ses *Chansons de Bilitis* (Louÿs), *Fêtes galantes* (Verlaine) et *Poèmes de Mallarmé.* Villon, Charles d'Orléans permettent ensuite à « Claude de France » de chanter dans un arbre généalogique plus lointain. Pas moins français dans le maniement acéré, élidé de la langue, Ravel emprunte à tous les folklores (mélodies grecques, hébraïques, espagnoles, *Chansons madécasses*). En cette prodigieuse année 1913, ses *Poèmes de Mallarmé* (*cf.* Debussy) atteignent aux confins de la dissolution tonale. Précédée des « pochades zoologiques » de Chabrier, ses savoureuses *Histoires naturelles* trouvent un prolongement dans *Le Bestiaire* (Apollinaire) de Poulenc, idéal médium de la sensible poésie d'Eluard *(Tel jour telle nuit).* Au bout de la chaîne, Messiaen, auteur d'*Harawi,* cherche un renouvellement dans l'orchestre *(Poèmes pour Mi)* et — après Debussy, Ravel ou Caplet — dans le chœur a cappella *(Cinq Rechants).*

Mahler est le premier musicien germanique à se consacrer aux poésies populaires du *Wunderhorn* (livre de chevet des romantiques) qui lui inspirent des visions tragiques à résonance militaire. Non moins déchirants, les sobres *Kindertotenlieder* se suffisent d'un espace-temps concentré, rare chez le compositeur. *Das Lied von der Erde* incarne la convergence du lied et de la symphonie, l'un mélodisant et l'autre structurant la symbiose. Aussi long que les cinq premiers, le sixième et sublime lied — ou mouvement — conclusif, *Der Abschied,* s'efface au seuil de l'éternité. Comme Mozart, époux d'une soprano, R. Strauss amoncellera une séduisante production jusqu'à ses tardifs et envoûtants *Quatre derniers Lieder* (1948). La « tonalité suspendue » de Schönberg trouve son pendant symbolique dans son *Livre des jardins suspendus* de 1909, l'année du grand passage. Le Viennois a insufflé vie à tous les genres : lied traditionnel, lied-oratorio avec les wagnériens *Gurrelieder,* lied-mélodrame en *sprechgesang* avec le cycle aphoristique du *Pierrot lunaire* (1912), l'*Ode à Napoléon* et *Le Survivant de Varsovie* (1947). Ses élèves écrivent aussi de nombreux lieder et œuvres à texte (cantates de Webern, *Der Wein* de Berg), aptes à gérer la trajectoire *durchkomponiert* des musiques atonales.

B) *L'Opéra.* — 1875, à Paris, le Palais Garnier ouvre ses portes et, 1878, le Théâtre-Italien ferme les siennes ; 1876, à Bayreuth, l'intelligentsia européenne gravit pour la première fois la colline du *Festspielhaus* ; 1881, à Prague est fondé un théâtre national tchèque : une nouvelle ère s'ouvre, qui verra notamment la disparition progressive du traditionnel « livret » et la mise en évidence des « Problèmes de l'opéra » (Berg, 1928), ce qui n'empêche nullement le genre de briller de feux multicolores. Après deux siècles d'hégémonie, l'opéra italien tente de retrouver dans la force de frappe du vérisme les forces vives qui l'abandonnent. Plus que Leoncavallo, Mascagni ou Giordano, Puccini (1854-1924) confère une valeur de conte philosophique au quotidien triste *(La Bohème, Madame Butterfly)* ou comico-sordide *(Gianni Schicchi),* une dimension mythique à la passion tragique *(Tosca)* pour accéder au barbare légendaire de la somptueuse

Turandot. Colorations exotiques et polytonalité hardie ne corrodent pas sa veine mélodique brève mais éloquente, savamment agencée et portée par un orchestre chatoyant. Au sortir de la Seconde Guerre mondiale, et dans un tout autre langage, Menotti *(The Medium, The Consul)* et Dallapiccola *(Volo di notte, Il Prigioniero, Ulisse)* ne renieront pas ce modèle national.

La France de la IIIe République affiche, elle, une santé inaltérable, du moins par le nombre d'opéras et opérettes (Lecocq, Hervé, Messager) qui voient le jour. Côté sujets, Goethe n'est pas oublié avec *Mignon* de Thomas et *Werther* de Massenet, l'exotisme se manifeste à travers *La Princesse jaune* et *Samson et Dalila* de Saint-Saëns, *Lakmé* de Delibes, *Salammbô* de Reyer, *Hérodiade* et *Thaïs* de Massenet, jusqu'à l'opéra-ballet *Padmâvati* de Roussel, talonné par les légendes médiévales avec *Le Roi d'Ys* de Lalo, *Gwendoline* de Chabrier, *Le Roi Arthus* de Chausson, *Esclarmonde* de Massenet, *Pelléas et Mélisande* de Debussy, tandis que le courant naturaliste engendre *Louise* de Charpentier, « roman musical », *Le Rêve* et *Messidor* de Bruneau d'après Zola, et que le retour à l'Antique du XXe siècle se signale dans *Prométhée* et *Pénélope* de Fauré, *Socrate* de Satie, *Antigone* d'Honegger, *Les Euménides* de Milhaud (il en va de même dans l'*Œdipe* d'Enesco, et dans plusieurs opéras de Stravinsky et Strauss). Quelle qu'elle soit, toute production scénique est jugée à l'aune de Wagner. D'après Bülow, *Samson* serait le meilleur exemple d'une féconde assimilation des principes wagnériens, mais viennent ensuite les drames de Franck, Chausson, Lalo et surtout d'Indy dont *Fervaal* et *L'Étranger* trahissent un disciple spirituel bien plus convaincu. Même la muse inventive et coquine de Chabrier *(L'Étoile, Le Roi malgré lui)* s'agenouille devant Wagner. Avec la fausse ingénuité d'un grand professeur de composition, Massenet (1842-1912) illustrera plus naturellement l'esthétique française dans ses œuvres de demi-caractère comme *Manon,* et même dans *Werther* si délicatement *Sturm und Drang.*

Inimitable chef-d'œuvre du symbolisme, l'allusif *Pelléas et Mélisande* (1902), cet anti-opéra, résulte du coup de cœur de Debussy pour « le poète [Maeterlinck] qui dira les choses à demi et me permettra de greffer mon rêve sur le sien », mais aussi d'une décennie de travail pour assimiler de l'intérieur les apports de Wagner et de Moussorgski, tisser ce « rien dont elle [Mélisande] est faite », jouer de la transparence de l'orchestre jusqu'au « silence comme agent d'expression », et faire sourdre l'angoisse (gamme par ton de Golaud et des souterrains). Dukas donnera plus d'éclat à son *Ariane et Barbe-bleue,* également d'après Maeterlinck. *Le Pauvre Matelot* de Milhaud a fait le tour du monde ; son ambitieux *Christophe Colomb* aurait sans doute mérité de l'accompagner. Ravel met son talent d'orchestrateur au service de la bouffonne *Heure espagnole,* auscultant en magicien les battements de cœur de la boutique de l'horloger, et de *L'Enfant et les Sortilèges,* féerie initiatique en forme de bande dessinée musicale. Quant à Poulenc, compositeur lyrique né, il excelle aussi bien dans les pathétiques et stoïques *Dialogues des carmélites* (Bernanos), dans les loufoques *Mamelles de Tirésias* (Apollinaire) que dans ce drame de la passion à l'état pur, au titre-symbole de tout opéra : *La Voix humaine* (Cocteau).

Les Anglais possèdent son équivalent en Britten (1913-1976), fécond mélodiste (une douzaine de cycles) et maître d'œuvre du dramatique *Peter Grimes,* du fantastique *Tour d'écrou,* du féerique *Songe d'une nuit d'été.* Prokofiev avait aussi joué la carte de l'éclectisme avec *L'Amour des trois oranges* (1919), pré-surréaliste, *L'Ange de feu,* plus expressionniste, et l'historique *Guerre et Paix* écrit pour l'Union soviétique, sans oublier *Alexandre Nevski* et *Ivan le Terrible* « imaginés » pour les films d'Eisenstein. Avec *Le Nez,* grinçant et subversif, *Lady Macbeth de Mzensk* « tragédie-satire » intensément expressive, et des œuvres pensées comme des musiques de film, Chostakovitch le relaie dans ce double chemin. Bartók s'est suffi du drame symboliste puissant de l'ombre et de la lumière du *Château de Barbe-bleue* ; Falla a dépouillé dans *Les Tréteaux de maître Pierre* l'ibérisme opulent de *La Vie brève* ; Busoni, apôtre d'une musique dissociée de l'action afin de l'enrichir et non la doubler, mêle culture et avant-gardisme dans *Turandot* et son *Doktor Faust.* En collaboration avec Brecht, Kurt Weill invente, avec *L'Opéra de quat'sous* et *Mahagonny,* un nouveau produit populaire, ovationné dans le monde entier. *Jonny spielt auf,* l'opéra-jazz de Křenek, triomphe également avant d'être taxé d' « art dégénéré » par le IIIe Reich. Reste le cas des cinq grands de la scène au lendemain du miracle solitaire de *Pelléas.*

Après la percée fulgurante de ses ballets, Stravinsky invente sans relâche des formes d'expression scéniques *(Histoire du soldat, Renard, Noces),* compatibles avec la pénurie d'un temps de guerre, et, comme dans ses mélodies, se plaît à traiter les mots syllabiquement, en matière sonore, sans valorisation du contenu sémantique. Dans l'opéra, il joue encore davantage sur la distanciation, le second degré en se donnant des modèles : Rimski pour *Le Rossignol,* l'opera buffa et Tchaïkovski pour *Mavra,* Haendel, Verdi et tous les « grands » pour *Œdipus Rex* (Cocteau), sur un texte en latin pour atteindre au hiératisme presque pétrifié, à l'archétype mythique ; quant à *The Rake's Progress* (La carrière du libertin, 1951), c'est, en réaction au *Musik Drama* wagnérien, une sorte de dramma giocoso mozartien, mâtiné de kitsch américain.

À l'opposé d'une telle sophistication, Janáček prône simplicité et vérité dans sa langue nationale tchèque. Pour échapper à l'emprise germanique, il prend appui sur la culture russe, celle des « enracinés » qui, comme Moussorgski, recherchent « la vérité à bout portant » et « la mélodie motivée par le sens ». Contemporaine de *Pelléas, Jenufa* offre déjà le modèle de l'opéra janacékien, concentré sur les moments forts, parmi lesquels la confession publique, au ton rude et sincère, qui ira s'épurant de ses quelques couleurs folkloriques dans *Kátă Kabanová* et *De la maison des morts,* avec la merveilleuse parenthèse de *La Petite Renarde rusée.* Une thématique brève et réitérée jusqu'à l'ostinato, un langage modal niant la directionalité de l'harmonie, des contrastes abrupts, l'éclat râpeux des instruments à vents sont les signatures du compositeur morave. R. Strauss forme avec Puccini le couple héritier de Wagner et Verdi, et ses quinze opéras occupent l'avant de la scène durant un demi-siècle. Dans la triple mouvance du symbolisme-expressionnisme-freudisme, *Salomé* (1905) et *Elektra* explosent avec une violence inouïe ; voix et orchestre immenses, structure en apparence *durchkomponiert,* harmonie saturée atteignent, selon le compositeur, « la limite de capacité d'audition des oreilles d'aujourd'hui ». Après quoi, cet esthète nostalgique put s'autoriser, avec la complicité de l'écrivain Hofmannsthal, un retour heureux vers Mozart, Lully ou Gluck dans *Le Chevalier à la rose, Ariane à Naxos, Arabella* et *Capriccio,* à Wagner même avec l'ambitieuse et initiatique *Femme sans ombre.*

Dans cette même mouvance, les Viennois inscriront les créations, atonales puis sérielles, les plus marquantes du temps. Peintre et ami de Kandinsky, Schönberg s'intéresse à la gestuelle, aux éclairages, à la scénographie d'*Erwartung* (L'Attente), monodrame à la « forme inconsciente » appropriée au cri halluciné de son héroïne éperdue de solitude. Aussi bref, le *Drama mit Musik, Die glückliche Hand* (La Main heureuse) ne sera lui aussi que tardivement créé. Hautain et bouleversant chef-d'œuvre, *Moses und Aron,* opéra biblique et sériel (1928-1932), engage le retour public au judaïsme de Schönberg à l'heure de la montée du nazisme et proclame sa foi en l'Idée d'un Dieu invisible, incommunicable, dont la série musicale unique et indiscernable et le *sprechgesang* de Moïse sont la métaphore. Au regret de son maître, Berg se consacrera à des faits divers, transcendant le trivial par le biais de structures élaborées (sonate, fugue, passacaille ou « inventions », formant des « scènes » presque cinématographiques), d'un travail poussé sur les leitmotive, et surtout grâce à sa sensibilité frémissante. Anti-héros à la voix de baryton, victime désignée de l'amour et de la société, *Wozzeck* (Büchner) lavera dans le sang son déshonneur. *Lulu* incarne le double mythe de la femme éternelle et de la réversibilité du Destin autour d'un interlude symphonique central ; quoique sériel et complexe, ce deuxième opéra est beaucoup plus lyrique.

C) *Musique religieuse.* — « Opium du peuple » selon Marx, « illusion infantile » selon Freud, la religion — après le « Dieu est mort » de Nietzsche — connaît des moments difficiles, exacerbés par la montée du darwinisme, du positivisme-scientisme, par la fin de la puissance temporelle du Vatican, la séparation de l'Église et de l'État en France, la révolution de 1917 en Russie, etc. Par essence, médiums d'une transcendance, les artistes réagissent diversement à cette situation jugée décourageante ou exaltante. Parmi les plus célèbres créateurs du temps, sont silencieux en ce domaine Debussy (malgré son *Martyre de saint Sébastien*), Ravel (qui a songé à une *Jeanne d'Arc*), Bartók, Berg et même le mystique Falla, alors que des agnostiques comme Saint-Saëns et Fauré laissent une messe, un requiem et des motets. Cependant, même chez les plus actifs, les œuvres liturgiques se font rares au profit de vastes et très diverses oraisons relevant du « concert sprituel ». Sans vain souci catégoriel ou d'exhaustivité, on citera donc les messes de Caplet, Kodály, Stravinsky, les requiems de Dvořák, Reger, Duruflé, *Requiem Canticles* de Stravinsky et le bouleversant *War Requiem* de Britten, les services sacrés de Milhaud et Bloch, le *Stabat Mater* de Dvořák, les *Psaume XVIII* de Saint-Saëns, *Psaume XLVII* de Schmitt, *Psaume LXXX* de Roussel, *Psalmus hungaricus* et *Te Deum* de Kodály, *Psaume CXXX* et *Psaume moderne* inachevé de Schönberg, la *Symphonie de psaumes* de Stravinsky et aussi ses *Canticum sacrum* et *Threni.* La *Liturgie de saint Jean Chrysostome* et les *Vêpres* de Tchaïkovski puis de Rachmaninov, la *Messe glagolitique* de Janáček témoignent de l'émancipation de la liturgie orthodoxe en slavon. Quant à l'oratorio ou drame sacré, qui concilie toutes les tendances, il retient aussi bien les compositeurs de théâtre comme Massenet *(Marie-Magdeleine, Ève),* Saint-Saëns *(Le Déluge)* et Schönberg (*L'Échelle de Jacob* inachevée) qu'un Pierné *(L'An mil, Les Enfants à Bethléem)*.

Parmi les plus engagés, distinguons d'abord Honegger et Poulenc, échappant ici à l'image frivole du Groupe des Six. Le premier, protestant, se consacre à des oratorios avec *Judith, Danse des morts, Une cantate de Noël,* et particulièrement *Le Roi David* et *Jeanne d'Arc au bûcher* (Claudel) qui ont marqué leur temps ; le second, « moine et voyou », catholique, s'adonne à une musique liturgique très épurée (*Litanies à la Vierge noire,* messe et motets a cappella ; *Stabat Mater* et *Gloria* avec orchestre). Messiaen qui, à l'instar de Liszt, n'a pas hésité à sacraliser le piano, à dédier à l'orgue une somme digne de *L'Orgue mystique* de son aîné Tournemire, a jalonné son parcours des célèbres *Trois Petites Liturgies de la présence divine,* de l'oratorio *La Transfiguration,* et de l'opéra sacré *Saint François d'Assise,* immense péroraison de son œuvre (mais non coda), d'une somptuosité sonore assez peu franciscaine...

VII. — L'ère contemporaine

La musique postérieure à la Seconde Guerre mondiale est, comme depuis des millénaires, le fait d'hommes inspirés, poussés par une impérieuse nécessité de créer, mais les moyens dont ils se dotent divergent de plus en plus de la tradition, alors même que l'héritage devient le pain quotidien de tout mélomane. Certains créateurs indépendants avancent sans vaine nostalgie passéiste comme sans volonté délibérée de rupture, et produisent sans hâte des chefs-d'œuvre intemporels. Outre Messiaen, c'est le cas de Tippett (1905-1997), d'Ohana (1914-1992) qui revendique — à travers l'héritage de Debussy *(Hommage à Debussy)* et de Falla — le « contact sensoriel immédiat avec le sonore » *(Llanto por Ignacio Sánchez Mejías, Cantigas, Trois Contes de l'Honorable Fleur, Livre des prodiges),* et de Dutilleux (né en 1916), auteur du quatuor *Ainsi la nuit,* de puissantes et sensibles œuvres orchestrales, *Métaboles* et *Timbres, Espace, Mouvement,* ou concertantes, *Tout un monde lointain, L'Arbre des songes,* témoignant d'une exemplaire maîtrise du timbre, du coloris harmonique et de la gestion du temps musical. D'autres, en particulier la génération née en 1925, ont eu l'ambition d'intégrer la musique à la pensée intellectuelle de leur époque, marquée par le « marxisme-léninisme », le structuralisme, la poétique de Mallarmé et de Joyce, de Klee et de Mondrian. C'est ainsi qu'il faut comprendre *Penser la musique aujourd'hui* (1963) de Boulez et, déjà, ses virulents appels à l'amnésie. Au plus fort de la rupture de l'après-guerre, l'intelligentsia a d'ailleurs suivi avec attention le parcours de la génération de Boulez, tant au *Domaine musical* qu'à Darmstadt ou à Donaueschingen. En vérité, la « crise de la musique contemporaine » ne s'est cristallisée que plus tard, et la plupart des novateurs n'ont pas attendu ce marasme pour se saisir d'une plume d'écrivain. Loin de se limiter à un plaidoyer *pro domo,* Stockhausen, Boulez, Boucourechliev, Pousseur, Dufourt ont développé une pensée forte sur l'art musical présent (ou passé) et ont rivalisé avec les plus éminents esthéticiens de l'art (Adorno, *Ästhetische Theorie,* 1970) ; et l'on ne saurait davantage ignorer les écrits de Berio, Nono, Ligeti, Xenakis, Cage, Carter, Schaeffer, Ballif, Mâche, Huber, etc.

Tenter de rendre compte de la musique contemporaine impose de remplacer certaines catégories caduques par d'autres plus pertinentes, voire de changer d'outils conceptuels. C'est ainsi que malgré la nouvelle émergence spectaculaire des Italiens Dallapiccola, Petrassi, Scelsi, Maderna, Berio, Nono, Donatoni et Bussotti, l'affirmation des Polonais Lutoslawski, Penderecki et Gorecki, des Hongrois Ligeti et Kurtág, des Espagnols Halffter et Pablo, du Portugais Nunes, des Anglais Maxwell Davies, Birtwistle, Harvey, Ferneyhough, la récente découverte de la musique soviétique de Schnittke, Denisov, Goubaidoulina, on ne saurait plus envisager la musique contemporaine en termes d'Écoles nationales ni même toujours d'Europe. En effet, les séquelles de la dernière guerre, les facilités de déplacement, la fraternité créée par la classe de Messiaen au Conservatoire de Paris, les cours d'été de Darmstadt, la séduction exercée par les musiciens américains (Ives, avec retard, Barber, Copland, Carter, etc.) à la faveur de la présence à Paris de certains d'entre eux attirés par l'enseignement de Nadia Boulanger, l'approfondissement des musiques extrême-orientales (Éloy) et *a contrario* l'européanisation de certains Orientaux (Takemitsu, Taïra, Dao), le rêve — éphémère — d'un nouveau

« style d'époque » au travers du sérialisme généralisé, et, enfin, la connaissance possible grâce au disque de toutes les musiques dans l'espace et le temps interdisent toute vision étroite de la musique au seuil du IIIe millénaire.

Dans la majorité des productions musicales, l'auditeur ne cherchera plus à repérer des thèmes et une structure perceptibles, le matériau venant à se confondre avec l'organisation. Il suivra bien plutôt le déroulement d'un « processus », s'intéressera à la « texture », aux variations de timbre et d'intensité, il repérera des « enveloppes », articulées par des « signaux », d'où émergent des « figures ». Il admettra que la musique anime d'autres lieux que les salles de concert, intègre une notion de spectacle (*Polytopes, Persepolis* de Xenakis, maintes productions de Stockhausen, Kagel, etc.). Il comprendra que, comme au Moyen âge, la musique affirme sa relation étroite avec la science, soit dans une pensée combinatoire, soit par le truchement d'une « machine ».

À des degrés divers, la musique actuelle a en effet partie liée avec la technique, de l'antique magnétophone de Schaeffer (Studio d'essai de la Radio, 1948) aux plus récents ordinateurs. À la suite des tentatives américaines et françaises, se créèrent le Groupe de musique concrète à Paris, autour de Schaeffer et Henry (1951), le Studio électronique de Cologne, avec Eimert et Stockhausen (1953), puis celui de Milan autour de Berio, Maderna, bientôt Nono (1955). Les divergences opposant à l'origine musique « concrète », manipulant des enregistrements de sons réels, et musique « électronique », issue de générateurs, devaient disparaître au profit d'une musique électroacoustique fusionnant les diverses techniques, entièrement sur bande et diffusée par haut-parleurs. Mais, en réalité, les deux branches du nouveau binôme, musique écrite (donc interprétée et mouvante) / musique électroacoustique (donc préfaçonnée et intangible), n'ont pas tardé à se rejoindre dans des partitions mixtes associant l'exécution vivante à la diffusion d'une bande préenregistrée (quitte à intervenir lors de l'exécution à l'aide d'amplificateurs, filtres, modulateurs en anneau, etc.). De nombreuses villes se sont dotées de structures d'expérimentation et de recherche, dépassant bientôt la seule production d'œuvres électroacoustique, la plus célèbre étant, à Paris, l'IRCAM, Institut de Recherche et de Coordination Acoustique/Musique, créé en 1976 par Boulez. Le développement de l'informatique a permis la réalisation de divers types d'ordinateurs appliqués à la composition musicale (en France, 4X à l'IRCAM, remplacée depuis les années 1990 par la SIM (Station d'Informatique Musicale), Syter au GRM, Upic au CEMAMU, etc.), auxquels désormais le compositeur demande une assistance dans l'élaboration de procédures combinatoires ou une intervention en temps réel sur les caractéristiques des sons diffusés à partir des sollicitations des exécutants, à moins que les ordinateurs ne soient, pour les tenants de « l'art des sons fixés » (Chion), tel Bayle au GRM, le lieu même de la composition. Aujourd'hui, c'est la voie d'une musique instrumentale-vocale assistée par ordinateur qui semble recueillir le plus de suffrages.

Parallèlement, les Festivals de musique contemporaine se sont multipliés (Royan, La Rochelle, Strasbourg en France), qui ont joué un rôle déterminant dans la diffusion des œuvres récentes, tout en accentuant le double clivage latent entre une avant-garde et une arrière-garde implicite, d'une part, la « musique contemporaine » et la « musique classique », d'autre part. Comme beaucoup de ses pairs, un Klaus Huber a dénoncé la terrible « pression exercée sur l'artiste pour qu'il crée "du nouveau à n'importe quel prix" ».

Sans espérer, dans un espace si réduit, distinguer toutes les tendances ni rendre justice à tous les compositeurs, on tentera de cerner les courants les plus saillants.

A) *1950-1960.* — Décennie de l' « amnésie » et de la *tabula rasa,* elle est donc marquée par les recherches françaises en matière de musique concrète de Schaeffer et Henry *(Symphonie pour un homme seul),* ou directement électronique à Cologne, qui fusionnent dans *Gesang der Jünglinge* de Stockhausen ou *Omaggio a Joyce* de Berio, et par des tentatives mixtes comme *Déserts* de Varèse (1954), *Kontakte* et *Mixtur* de Stockhausen. Mais c'est le sérialisme intégral qui s'impose comme la colonne vertébrale des années d'après guerre. À la suite de Messiaen et de son *Mode de valeurs et d'intensités* (1949), les jeunes compositeurs voient dans la sérialisation de tous les paramètres, c'est-à-dire la périodisation des douze demi-tons (hauteurs), mais aussi des durées, timbres, intensités, attaques, une garantie de contrôle des événements musicaux. Éblouis par l'économie de moyens des œuvres de Webern, que leur révèle Leibowitz, Boulez *(Deuxième Sonate, Structures, Polyphonie X)*, Barraqué *(Sonate)* ou Stockhausen *(Kreuzspiel)* se dirigent lucidement « à la limite du pays fertile ». Mais de cette écriture si surveillée, largement excédentaire sur la perception — le sérialisme « fétichise » l'unité entre le simultané et le successif, le local et le global, la cohérence des processus de prolifération en spirale — n'émerge souvent qu'une constellation de touches sonores assez ingrates et, semble-t-il, anarchiques. Boulez aura vite fait de rétablir la séduction sonore dans *Le Marteau sans maître* ou *Éclat*, et un Stockhausen montera symboliquement un *crescendo* de « temps musical » de *Punkte* à *Kontra-Punkte*, à *Zeitmasse*, à *Gruppen*, et aux vastes *Momente* d'une ample respiration.

L'organisation du temps est au centre des préoccupations de Stockhausen qui déduit l'espace du temps en partant de séries de hauteurs *(Moment Form)*, établit des polyphonies de temps alternant des tactus synchrones et dissociés. De manière un peu comparable, l'Américain Carter développera une théorie des « modulations métriques ». Architecte et collaborateur de Le Corbusier, Xenakis pense, à l'inverse, le temps comme un dérivé de l'espace. Convaincu de l'échec de la musique sérielle, impuissante à concilier combinatoire et sémantique, conception et perception, il appréhende l'architecture globale d'une œuvre en masse « hors-temps », selon le calcul des probabilités et la théorie des ensembles (musique stochastique). Le résultat « en-temps » s'apparenterait à des nuages de sons, à des buissons de lignes d'un grain lisse ou rugueux, au sein desquels les glissandos de cordes et de vents assurent un continuum sonore (*Metastasis,* 1954). *Terretektorh* et *Nomos Gamma* pour grand orchestre jouent, de surcroît, de la répartition des interprètes au milieu du public. Comme chez les sériels qu'il combat, la démarche scientifique de Xenakis contient une part d'utopie, et prête doublement le flanc à la critique par son postulat discutable et son absence de rigueur d'application, le musicien Xenakis n'hésitant pas à violer les règles édictées par l'architecte, au grand dam des inconditionnels des procédures algorithmiques, mais à la satisfaction de l'auditoire, conquis par l'éloquence et la violence cosmique de cette musique prétendue « impure ».

La « forme ouverte » ou « mobile » apporte une autre alternative au sérialisme généralisé (alors même que le sémiologue Eco publie *L'Œuvre ouverte*). L'aléatoire est la conséquence logique du sérialisme autant que son antithèse : devant la multitude des solutions engendrées par des calculs complexes, pourquoi ne pas s'en remettre au hasard ? Quoique élève de Schönberg, l'Américain Cage répond à la surdétermination par l'indétermination absolue. Sa fréquentation des surréalistes, du bouddhisme zen le prédispose à la dérision et à une autre appréhension du temps. Après ses Sonates pour « piano préparé », son *Imaginary Landscape* pour instruments et douze radios (qui introduisent l'aléatoire), il ose le radical et provocateur *4'33"* ... de silence ! Des discussions sans fin se tressent autour de la notion d' « œuvre ». L'énoncé aléatoire est-il anesthétique et démission du créateur ou, au contraire, esthétisation du quotidien et ouverture sur des rencontres *inouïes* ? De même qu'ils ont fréquenté les studios électroniques, tous les sériels touchent, à des degrés divers, à l'aléatoire (*Troisième Sonate* de Boulez, *Klavierstück XI* de Stockhausen). Les *Archipels* de Boucourechliev ont consacré ce « coup de dé » musical, pratiqué aussi par Lutoslawski *(Jeux vénitiens, Trois Poèmes d'Henri Michaux, Quatuor)* sous forme de « hasard contrôlé » ou « contrepoint aléatoire ».

B) *1960-1980.* — Dès la fin des années 1950, le doute, le désarroi s'infiltrent chez les compositeurs comme dans le public. Le mythe d'un nouveau « style d'époque » s'est effondré. Le sérialisme s'est condamné lui-même par son opacité, mais rien ne le remplace. En l'absence de communauté de pensée, les recherches se dispersent. On assiste à une multiplication des grammaires, des nouvelles notations et, en conséquence, à une inflation du discours explicatif. Prendre le temps de se forger un style n'est plus de mise. Les procédés efficaces pour une œuvre sont aussitôt remis en question, ce qui exclut toute tentative de théorie normative au profit d'un florilège de poétiques singulières. Dans cette nouvelle Babel musicale, Stockhausen, gagné par un mysticisme orientalisant, renonce provisoirement à une écriture musicale pour une « musique intuitive », des notations graphiques ou poétiques *(Aus den sieben Tagen)* ou des psalmodies vocales immensément étirées *(Stimmung)*.

Après l' « amnésie », nombre de compositeurs récupèrent l'Histoire par le biais de la citation, du collage : phénomène de « kleptomanie d'objets trouvés », favorisé par le disque et le pluralisme culturel (qui évoque Stravinsky, quoique sans connotation néoclassique). Le 3e mouvement de la *Sinfonia* de Berio, parcouru de clins d'œil à Debussy, Ravel, Strauss, sur un fond mahlérien, entrecoupé de fragments de Beckett et de slogans de mai 1968, en apporte une éblouissante illustration. L' « hommage » procède de cette même récupération de l'Histoire doublée d'un nécessaire exorcisme (Kagel : *Ludwig van* ; Boucourechliev : *Ombres, Hommage à Beethoven*). *Die Soldaten,* l'admirable opéra de Zimmermann, brasse toutes sortes de musiques ; les *Hymnen* de Stockhausen s'entrecroisent jusqu'au paroxysme. Les messages idéologiques et politiques animent maintes créations de Nono *(Il Canto sospeso)* et de Penderecki *(Thrène à la mémoire des victimes d'Hiroshima)*. Le théâtre musical, qui permet toutes les subversions, les allusions entre guillemets, au second degré, démarre une brillante carrière, quoique limitée dans ses enjeux, avec Schnebel, *Sur scène* de Kagel, *Aventures* (sur des phonèmes asémantiques) et *Nouvelles Aventures* de Ligeti, *Votre Faust* de Pousseur, jusqu'aux nombreux rameaux d'Aperghis. Un art nouveau, plus radical encore, arrive du Nouveau Monde par l'entremise de Riley, Reich ou Glass qui proposent une « musique répétitive », fondée sur la variation infime, frôlant l'ostinato, d'un matériau quasi minimaliste, véritable négation du renouvellement perpétuel qui était le *credo* du sérialisme.

Dans ce contexte éclaté et souvent laxiste, Boulez continue de prêcher la résistance, mais sa fulgurante carrière de chef d'orchestre ne vient-elle pas masquer sa propre crise de compositeur ? Pour avoir été partisan ou opposant au sérialisme, nul n'échappe à cette crise. À chacun de proposer une forme de solution. En France, Amy et Ballif affirment une maîtrise du grand orchestre et Betsy Jolas du style concertant. Pour l'Allemand Lachenmann, l'art est rejet, et la beauté, refus de l'habitude ; bannissant les sonorités codifiées, s'imposant un « purgatoire des hauteurs », il s'efforce de dévoiler la complexité irréductible du matériau. Après une période « négative », l'Italien Donatoni renoue avec le processus de composition par le biais de matériaux déjà existants, sortes d' « objets de références » à transformer. Ce parcours difficile, balisé d'une profonde réflexion, et finalement victorieux au travers d'œuvres instrumentales chatoyantes, turbulentes et véloces *(Spiri, Tema, Feria)* et, plus récemment, vocales et expressives, explique son impact de professeur de composition, aux côtés du mystique Suisse alémanique Klaus Huber, fruit lui aussi d'une lente et dense maturation à l'écart des circuits encombrés, et de leur cadet Ferneyhough. D'une effrayante complexité, les partitions de l'Anglais sont autant de tableaux (au sens littéral du terme). Des *Carceri d'invenzioni* à *La Chute d'Icare,* leur surdétermination débouche sur une forme d'indétermination. C'est dans cet écart incomblable entre la plus exigeante des exécutions et l'excédent d'une notation saturée d'indications qu'il pressent le phénomène musical.

Alors que musicologues et sociologues s'interrogent sur les phénomènes de communication et de perception, les compositeurs entrevoient un terrain d'investigation, à la fois riche et séduisant, dans le *son* lui-même. Après avoir pratiqué les techniques sérielles, Scelsi s'adonne à *Quattro Pezzi* d'orchestre, méditations sur une seule note, et à des quatuors de même type, écrits sur 16 portées (une par corde) : le son y est diversifié dans ses attaques, intensités, couleurs instrumentales, et insidieusement perverti par l'usage de l'infrachromatisme. Le « continuum » de Ligeti donne à entendre des « nappes sonores » en mouvement, une distribution rythmique de la densité abolissant harmonie et mélodie, tandis que la lecture révèle une fascinante micropolyphonie nourrie de canons très serrés *(Atmosphères, Lontano),* en quarts de tons *(Ramifications),* allant parfois jusqu'au *cluster (Volumina),* d'où, au fil des années, émergeront des figures plus saisissables *(Kammerkonzert).* Dans cette mouvance esthétique, se situeront les compositeurs de *L'Itinéraire,* fondé en 1973 : Grisey, Murail, Levinas auxquels s'est joint Dufourt. S'ils se réclament de Scelsi et Ligeti, ils s'inscrivent dans la lignée française post-ramiste de l'harmonie « naturelle » poussée à ses derniers degrés de subtilité. Prenant en compte les données modernes de l'acoustique, ils s'adonnent à une « musique spectrale », fondée sur la recomposition instrumentale du spectre sonore et de ses formants (analysé par conversion acoustico-optique) : harmoniques éloignés, partiels, transitoires. *Espaces acoustiques,* titre d'un vaste cycle de Grisey, illustre cette abolition des frontières, quasi berliozienne ou debussyste, entre timbre et harmonie, orchestration et composition, au profit des couleurs du temps.

Au milieu de ces multiples tendances, et de ces musiques du timbre faisant toutes appel à des formations inusitées et/ou aux sons de synthèse, le concerto n'a rien perdu de sa superbe (Lutoslawski, Ligeti, Dutilleux) et le classique quatuor à cordes — *musica assoluta* — ne s'est jamais si bien porté. Boulez, Ligeti, Dutilleux, Ohana, Tippett, Penderecki, Henze, Carter, Boucourechliev, Huber, Ferneyhough, Nono, Rihm, Hersant ont tenu à franchir ce « seuil », à affronter cette « *épreuve,* au sens initiatique du terme » (Boulez). Tendue vers la prospection abstraite et élitiste, la deuxième moitié du XXe siècle n'a eu garde cependant de négliger les grandes liturgies collectives. Quels que soient les jugements réservés à la production d'un Penderecki postérieure à *Thrène* et *Anaklasis,* on ne peut ignorer la ferveur d'écoute suscitée par sa *Passion selon saint Luc,* son *Magnificat,* son *Requiem polonais,* ainsi que par le *Requiem* de Ligeti.

Seul instrument « naturel », la voix conserve intact son pouvoir d'attraction. Il appartint tout naturellement à l'Italien Berio, époux de la chanteuse Cathy Berberian, de l'ausculter dans des partitions aussi inventives que *Epifanie* (d'après Joyce et Proust), *Circles, Laborintus II A-Ronne, Coro,* dans lesquelles il mêle toutes les langues. Justement célèbre, sa *Sequenza III* pour voix seule, à la frontière du musical et du théâtral, explore le champ complet de la voix, instrument du souffle, principe vital exhalant bruits de respiration, toux, cris inarticulés. Par essence expressive, la voix n'est plus astreinte à communiquer un texte perceptible. Dès *Le Marteau sans maître* (1955) d'après René Char — œuvre clé des acquis irréversibles, maîtrisée jusqu'au classicisme et à la séduction sensorielle — et *Pli selon pli* d'après Mallarmé, Boulez avait tissé une subtile poétique centre/absence dans un « idéal de rareté ». L'empreinte des poètes sur les musiciens ne se mesure donc plus en termes d'audibilité, et nul ne niera l'influence de Joyce sur les concepts de circularité temporelle et de « *work in progress* », non plus que celle du « nouveau roman » sur l'abandon de la narrativité dans l'opéra. Car l'opéra demeure... Après les dernières œuvres marquantes de Britten, Tippett, Dallapiccola ou Henze *(Boulevard Solitude),* beaucoup crurent obsolète ce genre chargé d'Histoire ; or voilà qu'autour des années 1970, sous des vêtures inédites ou plus traditionnelles, le « fantôme » et le « syndrome » de l'opéra resurgirent avec Maxwell Davies, *Les Diables de Loudun* de Penderecki, *Die Soldaten* de Zimmermann, *Al gran sole carico d'amore* de Nono, *Le Grand Macabre* de Ligeti, *Hyperion* et *Satyricon* de Maderna, *Opera* de Berio, *Lear* de Reimann, etc.

C) *1980-2000.* — Si la génération des années 1950 a pensé en termes d'*écriture,* celle des années 1970, en termes de *perception,* la génération des années 1980, peu encline à la prospection, tente de renouer les deux bouts de la chaîne : « Le parti-pris d'écrire / compte tenu des sons » (F. Nicolas). Puissamment communicatif, l'opéra continue de s'épanouir sans honte avec *La Vera Storia* et *Un Re in ascolto* de Berio, *Jacob Lenz* de Rihm, *Saint François* de Messiaen, *La Célestine* de Ohana, *Le Masque noir* de Penderecki, *The Mask of Orfeus, Gawain* de Birtwisle, *Stephen climax* de Zender, *Licht* de Stockhausen, heptalogie cosmique en manteau d'Arlequin qui couvrira les sept jours de la semaine. Cet essor inattendu de l'opéra, nouveau Graal musical, souligne les problèmes aigus de ces dernières décennies. « Les héros sont fatigués », résume H. Halbreich. La plupart des jeunes loups des années 1950 marquent en effet un recul déconcertant, ou, si l'on préfère, une forme d'avancée *révolutionnaire* au sens étymologique de *retour,* tel peut-être Ligeti. Salutaire en ce qu'il libère l'artiste d'une course effrénée vers l'inédit et tente de pallier le « désenchantement », le concept discutable de « post-modernité » (Lyotard, 1979) — qui englobe des compositeurs aussi divers que maints Américains ou l'Estonien Pärt — autorise des regards en arrière assez suspects. Or, pas plus qu'une technologie-panacée, le néoromantisme assorti d'un libre retour à la tonalité, à la mélodie, voire au thème, ne permettra l'économie d'une réflexion de fond. Si une jeune génération, déjà riche de réalisations (Rihm, Dusapin, Manoury, Boesmans, Lindberg, Saariaho, Benjamin, ou Adams aux États-Unis), entend se tailler des chemins dans une sérénité retrouvée, tous sont requis pour tenter à nouveau de penser la musique aujourd'hui, car « le métier est revenu (...), la notion même d'œuvre est restaurée (...), mais le grand souffle n'y est pas » (Dufourt). Après une certaine « tragédie de l'écoute » (Nono), peut-être y-a-t-il néanmoins beaucoup à espérer d'une nouvelle tolérance, d'une décrispation générale. Accepter l'hétérogénéité des tendances et se réjouir de l'amorce d'une réconciliation entre public et créateurs, n'est-ce pas la meilleure manière de restituer à la notion d'avant-garde son sens et sa nécessité ?

Boulez, fidèle aux principes essentiels de sa jeunesse — « Au cœur de toute évolution de la pensée musicale se trouve l'écriture, on ne peut y échapper sous peine de précarité et d'obsolescence » —, semble avoir proposé avec *Répons* l'œuvre accomplie et réconciliatrice qui condense quarante années de recherche, et que sa richesse foisonnante met à l'abri d'une écoute univoque. Dialectique par essence, *Répons* allie écriture et machine, combinatoire sérielle et magie sonore, en confrontant un orchestre traditionnel à six solistes répartis dans l'espace, relayés par un processeur en temps réel. On a pu se demander cependant si l'œuvre phare des années 1980 était une fermeture ou une ouverture... Sans espoir utopique, sans défaitisme, Boulez s'explique sur l'association des nouvelles techniques et de la création musicale, et conclut : « Aucune collaboration pluridisciplinaire ne suscitera l'originalité de l'invention ; rien ne saurait venir à bout du caractère unique, exclusif de la responsabilité que le compositeur assume vis-à-vis de lui-même et de sa création. »

À Paris, de part et d'autre de l'an 2000, *Présences,* festival de création musicale, a braqué ses projecteurs sur New York - Montréal puis sur les Nordiques et les Asiatiques. Le concept d'une « musique en Europe » a sans doute laissé place à celui d'une musique mondiale, mais sans se confondre avec celui de *World Music*. Il importe que les œuvres d'art restent fortes et singulières, et les compositeurs d'une irréductible originalité. Après les disparitions de Messiaen, Nono, Berio, Donatoni, Lutoslawski, il revient aux Français Dutilleux et Boulez, à l'Allemand Stockhausen, au Hongrois Ligeti mais aussi à l'Américain Carter d'entraîner, en créateurs lucides et responsables, leurs cadets dans ce IIIe millénaire où le cheminement sera difficile.

Au-delà des frontières, des ethnies, des langues et des clivages sociaux, alors que le monde entier tente de mettre au jour des *universaux* sonores, la musique *classique,* multiple et une, exigeante et bienfaisante, peut encore nourrir et unir l'humanité. Son lieu d'élection n'est-il pas, aujourd'hui comme hier, la transcendance ?

BIBLIOGRAPHIE SÉLECTIVE

DICTIONNAIRES

Dictionnaire de la musique (1970), sous la direction de Marc Honegger, 2 vol., Paris, Bordas, suivi de *Connaissance de la musique,* 1996.

Dictionnaire encyclopédique de la musique (1983), sous la direction de Denis Arnold, Paris, Robert Laffont, coll. « Bouquins », 1988.

Theodore Baker et Nicolas Slonimsky (1992), *Dictionnaire biographique des musiciens,* 3 vol., Paris, Robert Laffont, coll. « Bouquins », 1995.

Die Musik in Geschichte und Gegenwart, Ludwig Finscher (éd.), Kassel, Bärenreiter & Metzler, nouvelle édition en cours depuis 1994.

The New Grove Dictionary of Music and Musicians, Stanley Sadie (éd.), 29 vol., Londres, Macmillan Publishers, 2001.

Felix Clément et Pierre Larousse, *Dictionnaire des opéras,* Paris, Claude Tchou, coll. « Les Introuvables », 1999.

Piotr Kaminski, *Mille et un opéras,* Paris, Fayard, 2003.

HISTOIRES DE LA MUSIQUE ET ENCYCLOPÉDIES

Encyclopédie de la musique et Dictionnaire du Conservatoire, 11 vol., sous la direction d'Albert Lavignac et de Lionel de La Laurencie, Paris, 1913-1931.

The New Oxford History of Music, 10 vol., Oxford, 1957.

Histoire de la musique (1960), sous la direction de Roland-Manuel, Paris, Gallimard, coll. « La Pléiade » ; coll. « Folio », 2001.

La musique : les hommes, les œuvres, les instruments, sous la direction de Norbert Dufourcq, 2 vol., Paris, Larousse, 1965.

Collection « Les Indispensables de la musique », Paris, Fayard : *Guide de la musique symphonique* (1986), *Guide de l'opéra* (1986), *Guide de la musique de piano et de clavecin* (1987), *Guide de la musique de chambre* (1989), *Guide de la musique d'orgue* (1991), *Guide de la musique sacrée et chorale profane* (2 vol., 1992 et 1993), *Guide de la mélodie et du lied* (1994), *Guide de la musique baroque* (1995), *Guide de la musique du Moyen Âge* (1999).

Ulrich Michels (1988), *Guide illustré de la musique,* 2 vol., Paris, Fayard, 1990.

Musiques, une Encyclopédie pour le XXIe siècle, sous la direction de Jean-Jacques Nattiez, Actes Sud-Cité de la Musique, 5 vol., en cours depuis 2003.

OUVRAGES DE RÉFÉRENCE

Richard H. Hoppin (1978), *La musique du Moyen Âge,* 2 vol., Liège, Mardaga, 1991.

Manfred Bukofzer (1944), *La musique baroque, 1600-1750,* Paris, Jean-Claude Lattès, 1982/1988 ; 2e éd. française, 1998.

Charles Rosen (1971), *Le style classique,* Paris, Gallimard, 1978.

Alfred Einstein (1947), *La musique romantique,* Paris, Gallimard, 1984.

Charles Rosen (1995), *La génération romantique,* Paris, Gallimard, 2002.

Jean-Noël von der Weid, *La musique du XXe siècle,* Paris, Hachette, 1992.

Jean-Yves Bras, *Les courants musicaux du XXe siècle,* Genève, Éd. Papillon, 2003.

François Sabatier, *Miroirs de la musique. La musique et ses correspondances avec la littérature et les beaux-arts, XVe-XXe siècles,* 2 vol., Paris, Fayard, 1995 et 1998.

TABLE DES MATIÈRES

Imprimé en France
par Vendôme Impressions
GroupeLandais
73, avenue Ronsard, 41100 Vendôme
Septembre 2005 — N° 52 374